Georg Austen (Hg.)

Entdecke, wer dich stärkt

BONIFATIUS

Bibliografische Information der Deutschen Nationalbibliothek:
Die Deutsche Nationalbibliothek verzeichnet diese Publikation in der Deutschen
Nationalbibliografie; detaillierte bibliografische Daten sind im Internet über
http://dnb.d-nb.de abrufbar.

Klimaneutrale Produktion.
Gedruckt auf umweltfreundlichem, chlorfrei gebleichtem Papier.

Gefördert vom Bonifatiuswerk der deutschen Katholiken
aus Mitteln der Franz-von-Sales-Stiftung

© 2024 Bonifatius GmbH Druck | Buch | Verlag, Paderborn
Alle Rechte vorbehalten. Das Werk darf – auch teilweise – nur mit Genehmigung des
Verlags wiedergegeben werden, denn es ist urheberrechtlich geschützt.

Umschlaggestaltung: Weiss Werkstatt München, *werkstattmuenchen.com*
Umschlagabbildung: © FREEPIK | noob
Satz: Bonifatius GmbH, Paderborn
Druck und Bindung: CPI books GmbH, Leck
Printed in Germany

ISBN 978-3-98790-042-6

Weitere Informationen zum Verlag:
www.bonifatius-verlag.de

Inhalt

Vorwort
Msgr. Georg Austen 7

Schrott – Das Wort und das Brot des Lebens
Msgr. Georg Austen 11

Fünf Stärkungsmomente
Samuel Koch 15

Stärkende Menschen
Sr. Katharina Hartleib osf 27

„Der mein Suchen teilt"
Thomas Frings 34

Mitten im scheinbaren Nichts
Schwester Margareta Kühn SMMP 40

Surfen mit Leib und Seele
Esther Göbel 43

Lernen von einem kleinen, sehr großen Mann
Stefan Gödde 51

Auf Jesus blicken
Sr. M. Ursula Hertewich OP 61

Von der Jagd nach Leben
Philipp Meyer OSB 67

Dieser gewisse „Hunger"
Sister GilChrist Lavigne OCSO 75

„Ick bün all hier" –
von der Hoffnungslosigkeit und der Stärke
Andrea Schwarz 78

Sankt Cuthbert und das Geheimnis des Fischotters
Matthias Micheel 88

Das geschärfte Eisen
Martin Schleske 91

Entdecke, wer dich stärkt
Stephanie Feder und Birgit Mock 101

Wer und was stärkt mich?
Anselm Grün 104

Treppen steigen – Über Kirche im eigenen Haus
Regina Laudage Kleeberg 115

Entdecke, was und wer du bist
Notker Wolf OSB 122

Mut, Licht und Pippi Langstrumpf
Christine Schniedermann 132

Building Bridges
Jakob Reichert 142

Mit dem BONI-Bus auf Pilgerreise:
Ein Bericht aus Lettland
Henriks Rektiņš 145

Hilfswerk für den Glauben – Werk der Solidarität 147

Autorinnen und Autoren 151

Vorwort

Msgr. Georg Austen
Generalsekretär des Bonifatiuswerkes
der deutschen Katholiken e.V.

Wer stärkt mich? Was stärkt mich? Woraus ziehe ich die nötige Kraft für mein Leben, meinen Alltag, meinen Beruf und die familiären Aufgaben? Habe ich überhaupt eine „Kraftquelle", die ich zur Stärkung „anzapfen" kann? Und wenn ja: Trägt mich diese Quelle dauerhaft?

Hier sind existenzielle, sehr persönliche Fragen aufgeworfen, denen alle Menschen wohl auf die ein oder andere Weise in ihrem Leben begegnen. Gerade in krisengeschüttelten Zeiten, in denen persönliche Brüche und weltweite Problemlagen sowie die belastenden Geschehnisse und Abbrüche in unserer Kirche uns tief im Herzen aufrühren, liegt eine Perspektive des Mangels, ein negativer Blick auf die Welt und den Menschen oft sehr nahe. Was ist dabei – als einzelne Personen, als Gesellschaft, als Menschheitsfamilie oder auch als christliche Kirchen – unser Beitrag und unser Ziel?

Der spezifisch-konfessionelle Glaube ist eine Möglichkeit unter unzähligen Weltanschauungen geworden. Geistige Kraft und Stärkung findet der heutige Mensch längst nicht mehr (nur) in den Angeboten der Kirchen, der Gemeinden, Verbände und Vereine. Wir sehen, wie es so schön heißt: Der Geist weht, wo er will. Er bläst uns vielleicht gerade dort entgegen, wo wir ihn nicht vermuten wollen. Wer wollte allen Ernstes diesen Geist endgültig für sich allein reklamieren? Es gilt zuzugeben: Gott selbst ist und bleibt ein Geheimnis, und seine Wahrheit lässt sich nicht in bestimmten Sozialformen zementieren. Wir sind aufgefordert, nach dem göttlichen Funken in den Lebenswelten der Menschen zu suchen, hinzuhören und hinzusehen – und wir werden ihn dort finden. Es gilt, in den Dialog zu treten mit Andersdenkenden, -glaubenden und religiös Uninteressierten. Das bedeutet ebenfalls, dass wir selbst in Zeiten, in denen es für „uns als Kirche" manches Mal „schlecht" aussieht, nicht mit unserer in sich frohen Botschaft hinter dem Berg zu bleiben brauchen (und dürfen). Es gilt, auskunftsfähig zu sein über die Inhalte des Glaubens, authentisch und selbstbewusst das Evangelium durch die Welt zu tragen, Menschen zu stärken und nicht zu verletzen. Etwas, das die Menschen in ihrem Leben auch immer schon suchen, erahnen und immer wieder auch glückerfüllt finden: Es gibt Hoffnung, Liebe, Zufriedenheit, das Gute. Es gibt konkrete „Gegenorte" und „Gegenmomente" zu all den Bad News, Verdächtigungen und Polarisierungen unserer Tage. Es gibt ein „Mehr" im Leben.

Hoffnung, Liebe, Zufriedenheit, das Gute – all diese Schlagworte sind auch für unsere Arbeit im Hilfswerk keine leeren Worte, sondern in der Solidarität im Glauben, in konkreten Momenten, Begegnungen und Orten erfahrbar. Wenn wir einander von diesen Erfahrungen berichten, dann stärken sie sogar doppelt: uns selbst und auch jene, die sich davon inspirieren lassen.

Der 175. Geburtstag des Bonifatiuswerkes der deutschen Katholiken e.V. ist ein Anlass zur Vergewisserung, was Auftrag und Ziel für uns als internationales Hilfswerk für den Glauben und der Solidarität war und ist.

Dieses Buch berichtet von vielerlei stärkenden Entdeckungen. Lassen Sie sich mitnehmen in die Erfahrungen, die authentischen Glaubens- und Lebenszeugnisse, die Hoffnung schenkenden Beiträge der Autorinnen und Autoren: Ordensleute berichten von den Herausforderungen ihrer Wirkungsfelder und davon, wie vermittelte Stärkung auf das persönliche Leben zurückstrahlt. Gläubige erzählen von stärkenden Erfahrungen in schwierigen Zeiten, von Projekten, die das Bonifatiuswerk unterstützt, und davon, wie sich im Alltäglichen und Un-Alltäglichen Quellen wahrer Hoffnung auftun – mal zwischen den Saiten einer Geige und mal mit einem wackeligen Surfbrett unter den Fußsohlen. Und vielleicht finden Sie, liebe Leserin und lieber Leser, eine kraftgebende Stärkung auf den Seiten dieses Buches!

Ein herzlicher Dank gilt den Autorinnen und Autoren für ihre persönlichen Beiträge sowie Eva Dreier und Gisela Appelbaum für ihre unterstützende Mitarbeit.

Schrott – Das Wort und das Brot des Lebens

Msgr. Georg Austen

Mein erster Besuch auf der Fazenda da Esperança „Gut Neuhof" zu Beginn meiner Tätigkeit als Generalsekretär des Bonifatiuswerkes bewegt mich bis heute und geht mir unter die Haut. Die Fazenda da Esperança, zu Deutsch heißt das „Gutshof der Hoffnung", liegt bei der Brandenburger Kleinstadt Nauen, knapp vierzig Kilometer westlich von Berlin. Dem Evangelium sowie dem Leitgedanken „Every Life has Hope!" („Jedes Leben hat Hoffnung!") verschrieben, lebt die Fazenda den Geist, der vor bald fünfzig Jahren in Brasilien auf der ersten Fazenda geweckt wurde: In Gebet, Gemeinschaft und der Hilfe zur Selbsthilfe leben auf dem Gutshof junge Männer, die sich mit ihren Lebensbrüchen auch ihren Sucht- und Drogenproblemen stellen und diese zugunsten eines gelingenden, sinnerfüllten Lebens überwinden wollen. Gut Neuhof ist die erste Fazenda, die in Deutschland gegründet wurde. Als ganzheitliches, spirituelles Konzept möchte die Fazenda den jungen Menschen helfen, neue Ausrichtungen und Perspektiven für den persönlichen Lebensweg zu finden. Auf dem „Hof der Hoffnung" geht es vor allem um die Offenheit zu einem neuen Lebensstil, der sich an der Liebe Gottes orientiert und die Menschen stärkt, ihren eigenen Lebensweg zu gehen. Die Kraft dafür schöpfen sie vor allem auch aus dem Evangelium, obwohl sich nicht alle mit dem christlichen Glauben verbunden wissen.

Bei meinem ersten Besuch führte mich ein junger Mann zu der kleinen Kapelle auf dem Gelände. Sie war von einem Künstler gemeinsam mit den Bewohnern ausgestattet worden. Der Innenraum ist gestaltet aus Schrottteilen, die weggeworfen worden waren und sowohl kunstvoll als auch sinnfüllend neu zusammengesetzt wurden. Das ist ästhetisch, und gleichzeitig hat jedes Schrottteil seine Geschichte. Doch mit dieser Geschichte und der Umarbeitung wurde jedes Teil im Gottesraum einem neuen Sinn zugeführt – sei es der Altar, der Tabernakel, die vielen verschiedenen „Einrichtungsgegenstände" eines Gotteshauses. Der junge Mann, ein Rekuperant, wie man sie auf der Fazenda nennt, sagte mir beim Betreten der Kapelle: „Hier habe ich geahnt, dass Gott auch aus dem Schrott meines Lebens etwas Neues machen kann, wenn ich bereit bin, mich diesem Schrott zu stellen. Wenn ich umkehre, mit Vertrauen und viel Kraft in der Gemeinschaft neue Wege gehe." Bis heute sind mir seine Worte im Kopf – ein lebendiges, authentisches Glaubenszeugnis. So stark, dass es ausstrahlt und auch mich mit all dem „Schrott" meines Lebens stärkt.

Direkt neben der Kapelle, Tür an Tür im selben ehemaligen Werkstattgebäude, ist auf dem Gutsgelände eine Backstube eingerichtet. Diese Backstube hat eine Besonderheit, die erst bei genauem, tiefen Hinschauen sichtbar wird: Der Backofen hat als Hinterwand eine dicke Glasscheibe, mit der man in die Kapelle, direkt auf den Tabernakel, schauen kann. Das ist ein weiterer Moment, der mich tief berührt hat und der Stärkung geben kann: Der Mensch lebt nicht von Brot allein, das den Magen satt macht, sondern es gibt den „Lebenshunger", die Sehnsüchte unseres Lebens. Diesen Lebenshunger können wir allein nicht stillen, es geht um ein Mehr – dieses Mehr hält Gott für uns bereit, ja, es wird uns von Gott geschenkt.

Diese beiden Aspekte sind Momente, die mich für mein Leben stärken und auch die Menschen um mich herum: die Zuversicht, dass Gott und die Menschen, die mich begleiten, mir helfen können, aus dem „Schrott meines Lebens" – den Brüchen, den Krankheiten, den Süchten – etwas zu machen. Der beständige Zuspruch, der mich wissen lässt: Ich muss mich nicht aufgeben. An diesem Ort habe ich vor Augen geführt bekommen und so noch einmal ganz neu entdeckt, was mich persönlich stärkt – im Leben allgemein und auch geistlich. Hier, auf dem Gut Neuhof, wird konkret: Das Wort und das Brot des Lebens – das ist es, was mich aus dem Glauben eine Stärkung erfahren lässt, die mir Kraft gibt, auch die Unwägbarkeiten meines Lebens anzugehen. Darauf kommt es an.

Ähnliche bewegende und stärkende Begegnungen wie auf dem Gut Neuhof mache ich in meiner Tätigkeit als Generalsekretär des Bonifatiuswerkes, dem Hilfswerk für den Glauben und für die Solidarität, immer wieder – in Kontakt zu einzelnen Personen und auch den unzähligen Projekten. Hier gilt es, allen treuen Spenderinnen und Spendern zu danken, die durch ihr Gebet, ihr Interesse und ihre finanzielle Unterstützung diese Projekte ermöglichen, sowie allen ehrenamtlichen und hauptamtlichen Mitarbeitenden, die sich vor Ort über Jahrzehnte mit großem Engagement einsetzen. Da sind viele Menschen, die im Geiste des Evangeliums Stärkung erfahren und andere stärken. Zum Beispiel durch unser Programm „Praktikum im Norden", in dessen Rahmen jedes Jahr über zwanzig junge, engagierte Menschen in unsere Förderländer nach Nordeuropa und ins Baltikum ausreisen und dort in den Projekten der zahlenmäßig kleinen, aber lebendigen internationalen katholischen Diasporakirche mitarbeiten. Das Programm ist für alle Beteiligten ein Lernprogramm: Die jungen Leute lernen die Projekte, den Arbeitsalltag und die Lebensrealität der Christinnen und Christen in den Ländern der extremen Diasporasituation kennen. Und die Projektpartnerinnen und -partner vor Ort lernen gewiss auch so manches Mal etwas von den Freiwilligen aus Deutschland angesichts des Engagements, der Fragen und der Erfahrungen der jungen Leute. Dieses gegenseitige Lernen vollzieht sich auch im Hinblick auf Probleme, Anfragen sowie unterschiedliche Lebensweisen und Kultur. Das ist Weltkirche, grenzen-, sprachen- und generationenübergreifend! Auch wir im Bonifatiuswerk lernen viel von und mit den jungen Menschen. Ohne sie sähe unsere Kirche tatsächlich alt aus. Und noch eins: Dieses Netzwerk aus jungen Christinnen und Christen aus Deutschland und den Einsatzländern in Nordeuropa und im Baltikum wird immer größer, stärker und trägt. Es trägt länger, als das Praktikum dauert, und mehr, als man glaubt.

Dieser Austausch mit den jungen Menschen, mit den vielfältigen Weisen, wie der Glaube in den Umbrüchen von Kirche und Gesellschaft gelebt wird, stärkt mich und erfüllt mich mit Dankbarkeit. Ich meine: Es kommt nicht auf die Anzahl der Menschen an, sondern darauf, ob eine Minderheit der Mehrheit etwas Wertvolles zu sagen hat. Dies wird zum Glaubenszeugnis in der Welt und zur Zuversicht aus dem Glauben für die Welt.

Fünf Stärkungsmomente

Samuel Koch

Es sind vor allem fünf Aspekte, die mir auf die Frage, wer oder was mich stärkt, einfallen.

Glaube

Bereits vor einigen Jahren habe ich einen der Schlüsselmomente aufgeschrieben, in dem ich in der schlimmsten Zeit meines Lebens zum ersten Mal eine Art hoffnungsvolle Zuversicht verspürte:

„Gerade fing mir an zu dämmern, dass ich diesmal nicht glimpflich davongekommen war. Ich würde nicht wie nach meinen sonstigen Unfällen auf meinen eigenen Beinen gesund und munter die Klinik verlassen. *Du wirst nie wieder laufen können, nie wieder selbstständig leben.* Alle meine Pläne, alles, was mir auch nur irgendwie, irgendwann mal vorgeschwebt hatte, lag nun in Ruinen vor mir. Trotz all der lieben Menschen, die mich umgaben, fühlte ich mich einsam und unverstanden. Drei endlose Monate lang hatte ich auf dem Rücken gelegen, mit dem Kopf eingespannt in einer Schraubstockkonstruktion. Und nun ,durfte' ich ein paar Minuten im Rollstuhl sitzen. Man fuhr mich auf den Balkon. Schmerzen. Frustration. Alle Träume für ewig zerplatzt?

In diesem Moment war es die einzig logische Konsequenz, mich an Gott zu wenden. Wohin sonst sollte ich jetzt noch gehen?

Das Loch in meinem Hals, durch das ich bis vor Kurzem noch beatmet worden war, war noch nicht ganz zugewachsen, als ich zum ersten Mal seit sehr langer Zeit wieder bewusst durch Mund und Nase unklimatisierte Bergluft einatmete. Ich konnte die feucht-frischen Luftpartikel förmlich spüren, die durch meine Atemwege strömten. Nachdem ich wochenlang nur einen Fensterausschnitt der Umgebung gesehen hatte, sah ich nun endlich, was sich außerhalb des Klinikgebäudes befand. Mein Blick fiel auf die grüne Wiese, den Sempacher See, die lustigen Heidschnucken auf der Wiese mit den herrlichen, schneebedeckten Bergen im Hintergrund. Alles umrahmte der blaue Himmel mit seinen vereinzelten Wolken, durch die hin und wieder die Sonne blitzte. So etwas wie ein Lächeln begann fast unwillkürlich in meinem Gesicht zu kitzeln.

Und plötzlich verspürte ich eine scheinbar grundlose Freude. Eine, die von innen heraus kam. Über die Luft zum Atmen, die Schönheit der Schöpfung, die Menschen in meiner Umgebung und das Leben als solches. Mit einem breiten Grinsen saß ich auf dem Balkon und habe es selbst nicht verstanden. Logisch war das jedenfalls nicht! Rückblickend würde ich diesen Moment mit dem Begriff ‚innerer Frieden' betiteln.[1]

Im Grunde war das der erste Ansatz des wieder beginnenden „Kohärenzgefühls", von dem der Hirnforscher Gerald Hü-

---

1   Samuel Koch, Rolle vorwärts, adeo 2015, S. 208

ther gesprochen hat. Es ist das Gefühl, dass alles passt, alles im Gleichgewicht ist, man alles soweit bewältigen und einordnen kann. Und tatsächlich habe ich seither erlebt, was ich damals geahnt und gehofft habe: Es gibt immer mehr Momente, in denen ich tatsächlich wieder so etwas wie glücklich bin. Mein Leben ist lebenswert, so wie es ist, trotz oder mit allen Einschränkungen. Auch wenn ich das bis dahin nicht für möglich gehalten habe. Aber Glaube ist eben eine Steigerung des Fürmöglichhaltens.

„Glaube" kann ja ganz universell verstanden werden – Glaube an mich selbst, an das Gute im Menschen, an die Menschheit an sich, an nichts, an einen Religionsstifter, an Gott. Wie bei allem ist es individuell unterschiedlich, welcher Glaube einem Menschen die nötige Kraft gibt, in widrigen Umständen weiterzumachen.

Einige der Mörder, zu denen ich mal ins Gefängnis eingeladen wurde, erzählten mir, dass sie Kraft aus ihrem Glauben ziehen. Diese Männer waren meist Moslems. Und natürlich leuchtet es mir ein, dass dieser Glaube ihnen Struktur, Ausrichtung und die immens wichtige Sinngebung bietet. Nur habe ich mich gefragt, ob es nicht gerade im eingesperrten Zustand schöner sein müsste, nicht nur an einen gerechten und fordernden Gott zu glauben, sondern an einen Gott der Gnade, der Liebe und der Freiheit.

Richard Rohr hat gesagt, dass sich die Größe einer Religion darin zeigt, was sie für den Umgang mit dem Absurden, Tragischen, Sinnlosen und Ungerechten lehrt.

Die von mir favorisierte Glaubensrichtung hat für unser Thema etwas unmittelbar Verblüffendes zu sagen: *„Wenn der Geist Gottes unser Leben beherrscht, wird er ganz andere Frucht* *in uns wachsen lassen: Liebe, Freude, Frieden, Geduld, Freundlichkeit, Güte, Treue, Sanftmut und Selbstbeherrschung"* (Galater 5,22).

In diesem einen Vers kommen zentrale Werte oder, hier noch viel schöner „Früchte" genannte, Haltungen vor, die Stärkung verleihen können. Und er besagt, dass es gar nicht (nur) wir selbst sind, die mit unseren Bemühungen diese Eigenschaften in uns selbst stärken, sondern dass es vor allem die Anwesenheit Gottes in unserem Leben ist, die diese als Früchte hervorbringt. Liebe, Freude, Frieden und so weiter sind also nicht das Ziel, das wir alle anstreben, sondern das Produkt einer Zusammenarbeit. An anderer Stelle heißt es sinngemäß: Ihr könnt es, denn Gott selbst bewirkt in euch nicht nur das Wollen, sondern auch das Vollbringen (vgl. Philipperbrief 2,13).

Ich finde es unheimlich erleichternd zu wissen, dass nicht alles von meinen eigenen Bemühungen abhängt und ich es nicht aus eigener Kraft meistern muss. Ich habe die Freiheit und die Verantwortung, mein Leben selbst zu gestalten, doch ich muss es nicht allein schaffen.

Dankbarkeit

Ein weiterer wesentlicher Aspekt, der mich in meinem Leben stärkt, ist Dankbarkeit. Oft versuche ich, meine Perspektive absichtlich auf die schönen Dinge im Leben zu verschieben. Dazu versuche ich zum Beispiel, regelmäßig Dankbarkeitslisten zu erstellen. Ich zähle mir – ein bisschen selbstmanipulativ – Dinge auf, für die ich dankbar bin: sei es die Schönheit der Schöpfung oder die Entdeckung der Mikrowellen, die ein Kirschkernkissen aufheizen können, das dann meinen Nacken wärmt. Oder meine Wohnung, warme Socken, Saunas, Vogelgezwitscher am Morgen, Chris, Jonathan, Seb, Alex, Sarah, Gergö, Facebook, Touch-Displays, Mama, Papa, mein Bruder, meine Schwestern und ihre Jungs, Josua, Cousinen, Cousins, Oma und Opa, Onkel und Tanten, Til, Christoph, Physiotherapie, Simon, lsa, Sonnenaufgang, Manuel, Pfefferminztee, Kunstturnen, Meike, Heinz Ehrhardt, Kinder, mein Auto, David, eine besondere Mail, mein neues Trainingsgerät, Jan, Uli, Robert, Panzertape, Bennyboy, Markus, Badewannen, Spülmaschinen, T(h)öne, Harfsts, Mündigkeit, Müdigkeit, kurze nette Briefe, meine Stimme, Tiefensensibilität, Fantasie, schöne Träume, Reisen, eine Festanstellung, Gottesdienst, Sommerwind, blauer Himmel, Herbstlaub, Schneelandschaft, Marja, Bildung, Fotos, Skype, Late Checkout, Bananensplit, Sprühflaschen, keine Rechnungen im Briefkasten … Und wenn ich erst mal damit anfange, bin ich jedes Mal neu überrascht, wie viele Dinge es tatsächlich gibt, für die ich dankbar bin.

Die Liste ist beinahe endlos weiterzuführen und hilft mir immer wieder, mir all das Gute vor Augen zu halten, auch wenn ich mich oft erst dazu motivieren muss. Das soll nicht heißen, dass die Welt für mich in Ordnung ist, wenn ich mich auf das Gute um mich herum konzentriere. Aber mein Tunnelblick beginnt sich zu weiten.

Es ist tatsächlich so, dass ich jeden Tag schöne Erlebnisse habe: mal Gründe zum Lachen, mal tiefgehende Gespräche, Herausforderungen und Belohnungen, ich bekomme und gebe hoffentlich viel Liebe. Die negativen Dinge, die ebenfalls täglich da sind, verdränge ich möglichst – nicht in dem Sinne, dass ich sie einfach nur wegschiebe, sondern ich räume ihnen einfach nicht mehr Wichtigkeit ein, als ich ihnen zugestehen will, und setze ihnen etwas Positives entgegen.

Doch selbst eine Dankbarkeitsliste ist immer selbstmanipulativ und damit theoretisch. Beziehungsweise, wenn man ehrlich ist, kommt einem Dank wirklich nur schwer über die Lippen, wenn man so richtig übel drauf ist. Wenn gerade die Mutter gestorben ist, kann man nicht einfach übergangslos dankbar sein. Um sich der Dankbarkeit trotzdem zu nähern, muss man vielleicht etwas kleiner anfangen.

Ähnlich wie bei der Problembewältigung muss ja zunächst einmal die richtige Wahrnehmung des Problems stehen, um dessen Lösung überhaupt in Angriff nehmen zu können. Ein solcher kleiner Anfang könnte es vielleicht sein, zu akzeptieren, dass 90 oder vielleicht auch 99 % der aktuellen Situation beschissen oder schlecht sind, und sich damit gleichsam vor Augen zu führen, dass also 10 oder wenigstens 1 % gut sein müssen. Bevor es also zu euphorisch lobender Dankbarkeit kommen kann, muss zunächst die schlichte Wahrnehmung des Guten stattfinden. Im Optimalfall folgt dann irgendwann die Freude über das Gute. Und als Nächstes die Dankbarkeit.

Resilienz

Ein wenig abgegriffen ist dieser Begriff inzwischen und das vielleicht nicht ganz zu Unrecht. Ein Grundproblem vieler

Ratgeber zu Resilienz ist folgendes: Es geht darin immer um Selbstoptimierung. Um mich, mich und mich. Was *mir* guttut, wer *mir* nützlich ist, was *ich* brauche, fühle, will ... Viele der verwendeten Grundsätze, Ansätze und Begriffe sind nur auf mich bezogen und gehen nicht über meinen Horizont, mein Leben, meine Vorstellungskraft hinaus.

Doch nach meiner Wahrnehmung ist es leider so: Wer sich immer nur um sich selbst dreht, kommt nirgendwohin. Und wer wie wild danach strebt, glücklich und resilient zu werden, betont nur, wie wenig er es ist. Wenn ich mir ein Buch darüber kaufe, wie man resilient und glücklich wird, beweise ich mir eigentlich nur, dass ich es selbst nicht schaffe.

Der Wunsch, mein kleines Leben noch ein bisschen schöner, besser und resilienter zu machen, wäre als Antriebsfeder und Kraftquelle für mich definitiv nicht mal ansatzweise stark genug.

Das Wichtigste beziehungsweise das Einzige, das mir nachhaltig Kraft gibt, mich antreibt, motiviert, immer wieder aufstehen lässt ... ist eben genau das, was über mich hinausweist, etwas, das Viktor Frankl als „Selbsttranszendenz" bezeichnete. Ich brauche als Antriebskraft etwas, das größer und wichtiger ist als ich selbst, etwas, das ich entdecken kann, wenn ich nicht die Frage stelle: „Was will ich vom Leben?", sondern: „Was will das Leben von mir?"

Mutter Teresa, die Selbsttranszendenz par excellence lebte, hatte sicher keine Probleme mit der Resilienz. Vermutlich hat sie sich auch nie Gedanken um ihre Work-Life-Balance gemacht oder sich gefragt, ob sie ein genügend auffangsicheres soziales Netzwerk hat, oder sich morgens vor dem Spiegel optimistische Parolen aufgesagt, um ihre Selbstwirksamkeit zu erhöhen.

An der Selbsttranszendenz scheint was dran zu sein, denn auch schon vor 2.000 Jahren wurde dieser Ansatz bereits formuliert und ihr hoher Stellenwert unterstrichen, indem er gleich sechsmal in fast identischem Wortlaut in der Bibel festgehalten wurde: *„Wer sein Leben findet, der wird's verlieren; und wer sein Leben verliert um meinetwillen, der wird's finden."*[2]

Dienen

Wenn es uns nicht gut geht, sagen uns Ärzte und Psychologen gern, dass wir „mehr auf uns selbst achten" sollen. Aber wenn ich dem Irrglauben aufsitze, dass es im Leben um mich und mein Wohlbefinden geht, führt das leicht dazu, dass ich dieses Ziel ohne Rücksicht auf Verluste verfolge und die meiste Zeit damit verbringe, an mich zu denken. Eine ziemlich unschöne Aussicht! Und auch nicht zielführend.

Wenn man sich um sich selbst dreht, bewegt man sich logischerweise nur im Kreis.

Was, wenn die Antwort auf die meisten unserer Probleme ist, andere glücklich zu machen? Wenn der Schlüssel zu unserem Glück die Fürsorge für andere ist?

„Dienen" ist ein altmodisches Wort, das man immer direkt mit Sklaverei und kriecherischem Verhalten gleichsetzt. Dabei ist es eigentlich ein Privileg. *„Wer unter euch groß werden will, soll den anderen dienen; wer unter euch der Erste sein will, soll zum Dienst an allen bereit sein"*, heißt es in Markus 10,43.

---

2   Vgl. die folgenden Stellen aus den Evangelien: Mt 10,39; Mt 16,25; Mk 8,35; Lk 7,24; Lk 17,33; Joh 12,25.

Viktor Frankl sagte: „Selbstverwirklichung kann man nicht er-zielen, sie muss er-folgen." Nur indem man von sich selbst wegsieht, kann man sich finden. Und auch Mutter Teresa scheint mir ein weitaus besseres Vorbild zu sein als Ratschläge wie „Umgib dich mit Leuten, die dir guttun" oder „Bau ein soziales Netzwerk auf, damit du immer jemanden hast, der für dich da ist".

Auch wenn ich vieles nicht mehr kann – lieben kann ich noch. Und damit habe ich immer noch die wichtigste Fähigkeit von allen!

Kaum etwas ist für mich beflügelnder und erhebender, als wenn ich es wirklich schaffe, jemandem eine Freude zu machen oder bei einem Problem zu helfen. Wenn ich meine Bekanntheit und inzwischen erworbene Hartnäckigkeit dazu nutzen kann, um einem Menschen zu helfen, der weniger privilegiert ist, fahre ich danach für mindestens eine Woche mit einem breiten Grinsen durch den Tag. Wenn ich etwas bewege, bewegt mich das. Und wenn es mir gelingt, jemandem Mut zu machen, macht mir das wiederum auch Mut. Menschen, denen wir eine Stütze sind, die geben uns Halt – ich weiß nicht, wer das gesagt hat, aber ich glaube, es stimmt.

Wenn ich allerdings immer warte, bis mir danach ist oder die richtige Motivation sich einstellt, würde ich oft nur dasitzen und vor mich hin schmoren. Andersherum merke ich, dass die Motivation dazukommt, wenn ich einfach mal anfange.

Eins ist jedenfalls sicher: Herumsitzen und nichts tun bewegt gar nichts. Weder in uns selbst noch in der Welt. Deswegen bin ich dafür, einfach zu *machen*! Es muss gar nichts Großes sein, nicht immer das, wofür mein Herz total brennt. Man muss nicht gleich ein Heilmittel gegen Krebs erfinden, und es muss auch nicht perfekt sein.

Manchmal ist es besser, kleine Dinge auch wirklich zu tun, als sich große nur vorzunehmen.

Vor meinem Unfall habe ich oft gedacht, dass für all die Dinge, die ich noch erleben und machen will, mein eines Leben gar nicht ausreicht und ich eigentlich noch zwei, drei haben müsste. Und nachdem ich zwischenzeitlich danach das Gefühl hatte, es geht gar nichts mehr, bin ich, dem Prinzip der sukzessiven Approximation folgend, verblüffenderweise jetzt wieder auf genau demselben Stand wie vorher: Es gibt noch so viele wichtige, tolle, hilfreiche Dinge zu tun, dass ich eigentlich wieder nicht mit einem einzigen Leben auskomme.

Tatsächlich, es gibt so unendlich viel zu tun auf dieser Welt, es gibt für jeden tausend Möglichkeiten, sich einzubringen, anderen zu helfen und die Welt ein bisschen besser zu machen. Denn: Machen ist wie wollen – nur krasser. Alles ist besser, als nichts zu tun. Jeder wird gebraucht und jeder kann etwas tun auf jedem Niveau.

Natürlich: Wer nichts tut, kann auch nichts falschmachen. Aber auch nichts richtig.

Möglichkeiten, etwas zu tun, gibt es wirklich in Hülle und Fülle für jeden Geldbeutel, jedes Zeitkontingent und jedes Talent. Keine richtigen Ideen?

Einfach mal „Ehrenamtlich helfen" bei Google eingeben. Und keine Ausreden mehr durchgehen lassen.

Verantwortlichkeit

Eine unumstritten wichtige „Säule der Resilienz" oder der Stärkung ist das „Verlassen der Opferrolle". Und Verantwortung zu übernehmen ist das Gegenteil der Opferrolle. Wir haben nicht immer unter Kontrolle, was uns passiert. Aber wir haben immer Einfluss darauf, wie wir das interpretieren, was uns passiert. Man ist nicht unbedingt schuld an seinen Lebensumständen, aber immer *verantwortlich* dafür, wie man damit umgeht. Jeder Mensch hat die Verantwortung für sich selbst, sein Leben, das, was er in der Welt tut und hinterlässt.

Das Gefühl, dass ich eine Verantwortung habe, fungiert bei mir als starke Stehaufkraft, als Stütze, als Motivation, als innere Verpflichtung. In Zuschriften oder auch bei persönlichen Begegnungen erzählen mir immer wieder Menschen, dass sie mich als Vorbild betrachten, dass meine Geschichte ihnen Mut gibt. Wenngleich ich wenig Vorbildhaftes darin sehe, mit dem Kopf gegen ein Auto zu rennen und sich viermal das Genick zu brechen. Trotzdem habe ich schon von mehreren Leuten gehört, dass sie nur deshalb den eigentlich geplanten Selbstmord nicht begangen haben, weil sie sich gedacht haben: „Wenn Samuel Koch nicht aufgibt, dann gibt es auch für mich Hoffnung." Wenn ich nun doch zusammenbrechen würde, würde ich diese Menschen enttäuschen und im Stich lassen – dafür fühle ich mich verantwortlich. Ich habe keine Zeit und kein Recht und auch keine Lust, mich meinen Gebrechen hinzugeben.

Die Verantwortung für Kinder ist definitiv ein sehr starker Antrieb für alle möglichen Formen von Resilienz. Wann immer ich mit Flüchtlingen Kontakt hatte, ob mit Syrern bei

Theaterworkshops oder Mexikanern in den USA, hörte ich als Begründung, warum sie geflüchtet sind und wie sie die Strapazen überstanden haben: „Ich habe es für meine Kinder getan. Damit sie eine bessere Zukunft haben." Einsame alte Menschen geben immer wieder als Haupt-Morgens-Stehauf-Motivation an, dass sie ihre Enkel aufwachsen sehen möchten. Auch von Suizidgefährdeten hörte ich, dass sie ihre Pläne ad acta gelegt haben, um kein schlechtes Beispiel für die Kinder in ihrem Umfeld abzugeben. Eltern reißen sich zusammen, um für ihre Kinder als gutes Vorbild voranzugehen. In seinem Schlussplädoyer in dem meiner Meinung nach sehr empfehlenswerten Film von Wim Wenders, „Ein Mann seines Wortes", sagt Papst Franziskus sinngemäß, dass es eine der wichtigsten Aufgaben unserer Zeit sei, mit unseren Kindern zu spielen.

Dann gibt es aber auch noch die Verantwortung „vor" etwas ... oder jemandem. Dieses Bewusstsein, einer letzten Instanz – Gott, anderen Menschen oder seinem Gewissen – gegenüber Ver-antwortung zu tragen, dieses Bewusstsein, dass man selbst vielleicht der Befragte ist und nicht der Fragende, kann entscheidend dazu beitragen, das eigene Schicksal anzunehmen.

Stärkende Menschen

Sr. Katharina Hartleib osf

Oma Katharina

In einer katholisch geprägten Gegend zu Zeiten der ehemaligen DDR aufgewachsen, habe ich als Kind und Jugendliche sehr hautnah erlebt, was es heißt, sich gegenseitig zu stützen und zu stärken. In einem glaubensfeindlichen Umfeld zwischen Schule, sozialistischer Jugendorganisation und vielen Zwängen gab es nur die Möglichkeit, sich in Familie, Gemeinde und katholischer Pfarrjugend über Leben und Glauben auszutauschen und den je eigenen Weg zu finden. Kirchliche Jugendhäuser, Jugendwallfahrten und die religiösen Kinderwochen, eine tolle Erfindung der Kirche in der DDR, haben mich also als Kind und Jugendliche begleitet, gestützt und gestärkt.

Die prägnanteste Frau aus dieser Zeit war für mich meine Großmutter Katharina. In den Zeiten vor dem Zweiten Weltkrieg hat sie ihre sechs Kinder bekommen und sich sehr ernsthaft darum gekümmert, sie dann nicht an die Nazis zu verlieren, sondern zu gradlinigen Christen zu erziehen. Selbst in schwierigsten Zeiten war sie eine Frau mit beiden Füßen auf der Erde – die hilfsbereiten Hände bei ihrer Familie und allen, die ihrer Unterstützung bedurften – und ihrem Herzen beim lieben Gott.

Ich kann mich nicht erinnern, dass sie jemals von Gott gesprochen hätte. Aber als Kind und Jugendliche habe ich gespürt, dass sie eine Frau des Gebets war. In jeder Schürzentasche hatte sie einen Rosenkranz, den sie, wann immer es irgendwie ging, gebetet hat. Ihr Gebetbuch war völlig zerbetet und hatte unzählige Einlegeblätter mit Gebeten, Litaneien, frommen Sprüchen oder anderen wichtigen Texten. Für mich war sie der Inbegriff einer frohen und glaubenden Frau, obwohl sie so viel Schweres erlebt hat. Zwei ihrer Kinder sind vor ihr gestorben, ihren sehr cholerischen Mann hat sie in schwerer Krankheit gepflegt und bis zu seinem Tod liebevoll versorgt. Sie hat nie geklagt und immer den für diese Gegend typischen Satz gesagt: „Es ist Gottes Wille gewesen."

Ob das wirklich so war, vermag ich nicht zu sagen, aber diese Frau war und bleibt für mich der Inbegriff von jemandem, die mich als Kind und Jugendliche gestärkt und geprägt hat.

Franziskus von Assisi

In meinen Jahren des Fachschulstudiums zur Krankenschwester in einer staatlichen Fachschule wohnte ich in einem Internat mit 300 Studierenden. Und es gab ein Zimmer, das den Titel „Katholikenzimmer" hatte, weil ich dort mit meinen drei Kommilitoninnen lebte und wir vier die einzigen Katholiken in der ganzen Schule waren. Eine meiner Mitbewohnerinnen hat mich irgendwann eingeladen, mit in ein Franziskanerkloster in der Nähe zu kommen.

Dort gab es alle vier Wochen einen Jugendnachmittag mit Gebetszeiten, Gesprächen und viel Musik von einer Band, die aus Franziskanern und Franziskanerinnen bestand. Ich war fasziniert davon, mitten in der sozialistischen DDR eine so ganz andere Denk-, Lebens- und Glaubensweise zu sehen und selbst schnell mittendrin zu sein. Und dort habe ich erstmals von Franziskus von Assisi gehört. In den Predigten und Ansprachen, in den Texten und Gesängen ging es oft um ihn und seine Brüder und seine so ganz andere Art zu leben und Kirche zu sein. Also fing ich an, nach Büchern über Franziskus und seine Bewegung zu suchen und alles zu lesen, was ich bekommen konnte – in einer Zeit, in der es weder Internet noch Google gab. Dieser Mensch Franziskus, der in einer kirchlich und gesellschaftlich verwirrenden Zeit seinen Weg des Christseins fand, hat die Kirche erneuert, ohne dass es ihm zunächst bewusst war. Christus hatte er vernommen, der ihm vom Kreuz herab aufforderte: „Franziskus, baue mir meine Kirche wieder auf, die ganz zerfällt." Das wurde für ihn und für alle seine Brüder und Schwestern über die nächsten 800 Jahre zum Auftrag, den sie nie aufgaben. Wie er damals, so spüren seine Gefährten noch heute, dass sie in dieser Kirche bleiben und sie von innen her erneuern müssen. Weil es nur von innen gehen kann. Auch später, als ich längst in eine franziskanisch geprägte Ordensgemeinschaft eingetreten war und darin meinen eigenen Weg versucht habe, ist mir dieser Franziskus nicht aus Kopf und Herz gegangen:

- arm mit den Armen leben und für sie da sein;
- die Priester der Kirche achten und ehren, auch wenn viele von ihnen alles andere als gute Christen sind;

- gegen den üblichen Mainstream schwimmen, in Gesellschaft, Kirche und eigener Ordensgemeinschaft aushalten, dass enge Freunde nicht mehr mitmachen und man selbst nur noch wenige findet, die einen verstehen und die Beweggründe kennen und zu schätzen wissen.

Die Franziskusforschung ist gerade in Deutschland in den letzten Jahrzehnten sehr forciert worden und hat große Fortschritte gemacht. Dicke Bücher sind herausgegeben worden mit Texten, Briefen, Regeln und Testamenten, Kommentaren und Beurteilungen. Und mit Erstaunen stelle ich immer wieder fest, dass seine Themen von damals noch heute hochaktuell sind:

- Der Lobgesang der Schöpfung, mit dem er den Schöpfer loben und anbeten will, bildet heute eine der Grundlagen für die Bewegung zur Bewahrung der Schöpfung.
- Der Einsatz für das friedliche Zusammenleben der Völker und Religionen, sein Besuch und Gespräch beim damaligen Sultan Al-Kamil Muhammad al-Malik mitten im Kreuzzug, bildet bis heute eine Blaupause für die Möglichkeit, Konflikte und Kriege friedlich zu lösen
- In den damaligen innerkirchlichen Konflikten hat Franziskus Briefe an die Priester, an die Gläubigen und an die Regierenden geschrieben, die mit viel Klarheit Wege aus den Krisen weisen wollten.

In allem, was uns als Kirche und Orden im Moment sehr beschäftigt und was viele Menschen aus der Kirche treibt, in all dem stärkt mich dieser Franziskus – und das, obwohl er schon seit fast 800 Jahren tot ist.

Ältere und alte Mitschwestern

Im Laufe meiner mehr als vierzig Ordensjahre hatte ich immer auch besondere ältere Mitschwestern, die mir sehr geholfen haben, meinen Weg im Ordensleben zu finden. Im Postulat und Noviziat, den ersten Stufen der Ordensausbildung, bin ich mit meinem Heimweh, meinem Trouble mit der Novizenmeisterin, meinen Zukunftsängsten immer zu einer schon sehr alten Mitschwester gegangen. Sie hat sich alle meine Klagen und Fragen geduldig angehört und nur manchmal einen guten Tipp gegeben, ohne sich aufzudrängen. Bei ihr habe ich gespürt, dass es ein Segen ist, wenn man einen Menschen mit einem offenen Ohr und viel Geduld findet, und habe später gelernt, das auch selbst für andere zu sein. Nur einmal hat sie mir mit ihrem Gehstock gedroht und sehr energisch gesagt: Jetzt habe ich dich durchs Postulat und Noviziat geboxt, jetzt bleibst du auch für immer hier.

Sollte heißen: Es wird immer mal Zeiten und Bedingungen geben, mit denen du dich schwertust und die dich eher zum Weglaufen animieren. Dann aber bleib, weil du stark genug bist und schon so viele Höhen und Tiefen erlebt hast. Und sie hat bis heute recht. Mehr als einmal hatte ich die Nase voll: von nervigen Mitschwestern, von einer Ordensleitung, die scheinbar nur die schwierigen Leute im Blick hat, von einer Kirche, die nur um sich selbst kreist, statt den Menschen das Evangelium zu bringen, vom Gefühl des eigenen Nicht-gut-genug-Seins. Aber immer wieder fielen mir die Worte dieser alten Mitschwester ein und ich konnte vor Gott und vor meinem Gewissen die Lage klären.

Eine weitere alte Mitschwester hat mich sehr liebevoll begleitet. Wir waren im gleichen Haus, aber in unterschiedlichen Konventen. Und irgendwann kamen wir ins Gespräch und konnten uns seither über Gott, die Welt und quasi alles unterhalten. Und wir haben uns gegenseitig gestützt und bestärkt in den Dingen, die wir gut konnten, und Vorzüge in der jeweils anderen entdeckt, die sie selbst bei sich noch gar nicht wahrgenommen hatte.

Bei ihr habe ich gelernt, dass auch fromme und betende Menschen Angst vor dem Tod haben können. Und so habe ich mich mit ihr sehr oft genau zu diesem Thema ausgetauscht. Irgendwann später, als ich längst weit weg in einem anderen Konvent war, hat sie mir mal einen handgeschriebenen Brief geschickt, in dem sie mir gedankt hat, dass wir so über ihre Ängste reden konnten und sie viele davon überwinden konnte.

Mir wurde durch viele solcher Begegnungen klar, dass das Leben immer ein gegenseitiges Nehmen und Geben ist und wir uns so begleiten durch unsere Höhen und Tiefen.

Menschen, die mit mir unterwegs sind

Egal an welchen Orten, in welchen Tätigkeiten und in welchen Konventskonstellationen ich unterwegs war und bin, immer sind wir mit vielen Menschen zusammen. Im Kontext der jeweiligen Aufgabe mit Mitarbeitenden, mit Menschen, für die mein Dienst war, und mit Menschen, die mir von Gott auf den Weg gestellt worden sind. Junge Leute, die unsere Angebote angenommen und genutzt haben, sind mir oft zu

Lehrmeistern geworden. Sie hinterfragen scheinbar klare Gegebenheiten und machen mir dabei Mut, auch selbst Dinge zu hinterfragen. Sie sind neugierig und wissensdurstig und bringen mich dazu, selber immer neu in fremde Materie einzudringen und mich mit ganz anderen Themen zu beschäftigen.

Und dann die vielen, die zum Gespräch kommen, die geistliche Begleitung erbitten und in schwierigen Lebenssituationen Rat, Hilfe und meist erst mal ein offenes Ohr suchen. Das uns als Ordenschristen so unvoreingenommen entgegengebrachte Vertrauen erstaunt und ermutigt mich immer aufs Neue.

Mir ist sehr schnell bewusst geworden, dass ich selbst dabei einen klaren Kopf und ein weites Herz brauche. Und so habe ich mir angewöhnt, immer vor einem Gespräch eine Weile in die Hauskapelle zu gehen, meinen inneren Computer runterzufahren und um die Hilfe des Heiligen Geistes zu bitten. Und es ist so, wie es ganz viele Menschen auch schon erfahren haben: Immer, wenn man keine eigene Idee mehr hat, nicht weiß, wie es weitergehen kann, habe ich erlebt, dass mir „ein Licht aufgegangen ist", wie man so einfach und landläufig sagt. Und ein Tipp, ein Wort, eine Überlegung waren genau das, was dem Gesprächspartner weitergeholfen hat. Diese Gewissheit macht mich gelassener und zeigt mir, dass es da mehr gibt als das, „was auf meinem eigenen Mist" gewachsen ist. Es gibt den, der mich stärkt und der mir hilft, das rechte Wort, die passende Tat zu haben und das Evangelium vom liebenden Gott in allem Tun weiterzugeben.

„Alles vermag ich, durch den, der mich stärkt" (Philipper 4,13).

„Der mein Suchen teilt"

Thomas Frings

„Der liebe Gott tut nichts als fügen." – Ein Satz, den auch ich hier und da zitiere. Doch nur, wenn etwas gelungen ist und eher mit einem erleichternden oder humoristischen Unterton. So richtig daran glauben tue ich nämlich nicht, denn dafür gibt es zu viele Situationen in der Welt und im Leben der Menschen, die sich nicht fügen, die als Brüche das harte Gegenteil sind von jeder Fügung und sich auch nicht schönreden lassen. Von all dem möchte ich im Folgenden erzählen, von der Fügung und vom Bruch, von Gott und vom Zweifel, und zwischen all dem vom Suchen.

Zu Beginn der 90er-Jahre war ich mit Anfang dreißig Pfarrer in einer kleinen Gemeinde am Rand der Universitätsstadt Münster. Mit einer halben Stelle war ich freigestellt zum Studium der Kunstgeschichte und der klassischen Archäologie. Ich kam abends aus einem Seminar und stieg auf dem Heimweg in den Bus am Bahnhof. Es war November, es war dunkel, es war nass und es war kalt. Im Bus gab es noch genau zwei freie Plätze. Einer der beiden Alleinsitzenden war ein schwarzer junger Mann, der einzige im Bus mit einer anderen Hautfarbe als die anderen Passagiere. Einen der beiden verbliebenen Plätze musste ich wählen und ich setzte mich bewusst neben ihn, damit er nicht als einziger Nichtweißer allein sitzen würde. Er hatte ein Buch in Händen und ich konnte sehen, dass er Vokabeln lernte. Meinen Gruß erwiderte er, und wenn man bei einem Rheinländer – wie in meinem Falle – nicht schnell genug wieder wegschaut, dann sieht der das als eine Einladung zum Gespräch an. Also legte ich los, und ich kann den Dialog auch nach dreißig Jahren noch nahezu wörtlich wiedergeben:

„Sie lernen Deutsch?"

„Ja."

„Das ist eine schwere Sprache."

„Außergewöhnlich!"

Mein Lachen irritierte ihn und er fragte, ob er das Wort falsch gebraucht habe. Ich beruhigte ihn und verneinte, aber das Wort *außergewöhnlich* sei doch ein schweres Wort, wenn man Deutsch gerade erst lerne. In den kommenden fünf Minuten erfuhr ich, dass er aus Togo komme, das erste Mal von zu Hause weg und von seiner Familie getrennt sei, seinen ersten Winter erlebe, in einem leer stehenden Bürogebäude in einem Mehrbettzimmer schlafe, niemanden kenne und in Jura promovieren wolle. Dann musste er aussteigen und ich gab ihm meine Visitenkarte mit der einladenden Bemerkung, er dürfe sich gerne melden, wenn er Kontakt oder Hilfe bräuchte.

Nach einigen Tagen rief er tatsächlich an, kam vorbei und fuhr Weihnachten schon mit zu meiner Familie, die ihn – Alaza Ibrahim – wie das vierte Kind unserer Eltern aufnahm. Niemand rief eher an, um zum Geburtstag zu gratulieren, keine Erstkommunion, Firmung, Beerdigung oder in meinem Falle Pfarreinführung, bei der er nicht mit der Familie in derselben Reihe in der Kirche saß, kein Weihnachten oder Ostern, bei dem er nicht mit am Tisch saß. Meine Eltern wurden nach dem Willen seines Onkels, des Familienoberhauptes in Togo, die Namensgeber seiner fünf Kinder. Als er nach zehn Jahren in seine Heimat zurückkehrte, blieb der Kontakt dank moderner Medien eng und alle paar Jahre flogen Familienmitglieder von hier zu ihm oder er kam, auch mit seiner Frau, nach Deutschland. Zum 90. Geburtstag unserer Mutter war er der Überraschungsgast, der unerwartet vor der Türe stand. Bei jedem Besuch in Afrika hatte er bereits ausfindig gemacht, wann am Sonntagmorgen wo eine heilige Messe gefeiert wird, und wenn er bei uns war, fuhr ich ihn am Freitag zur Moschee. Ach ja, das hatte ich bisher nicht erwähnt, dass der konsequent gelebte Islam mit allen Gebets- und Fastenvorschriften ein wesentlicher Bestandteil seines Lebens war.

Wir kamen von verschiedenen Kontinenten und unsere Kulturen war so unterschiedlich wie unsere Hautfarben, aber der Glaube war das tragende Fundament unserer Freundschaft. Wir haben nie darüber diskutiert, wessen Glaube der bessere oder der wahre sei, welche Historie weniger blutig oder welche überzeugender in den Taten der Liebe. Der Glaube an einen Gott und die Suche in der vorgefundenen Tradition, die jeder sich zu eigen gemacht hatte, waren das verbindende Element, das alles Unterscheidende zu überwinden vermochte. Und in einen Himmel, der für den anderen verschlossen wäre, hätte keiner von uns kommen wollen.

Rückblickend erscheint es wirklich wie eine himmlische Fügung, dass an einem dunklen, nassen und kalten Abend im November die zwei Plätze im Bus uns und unsere Familien zusammengeführt haben. Ob es Gott war? Ich halte es für möglich. Er war auf jeden Fall das verbindende Element für eine lebenslange Freundschaft. Wir haben entdeckt, dass der Glaube an ihn eine tragfähige Brücke ist über alle Unterschiede und Grenzen hinweg.

Doch auch in dieser Fügungs-Geschichte gibt es einen Bruch: Am 07.07.2021, dem dreizehnten Geburtstag seines ältesten Sohnes, erreichte mich am frühen Morgen die Nachricht der damals zwanzigjährigen Tochter, dass ihr Vater – unser Bruder – in der Nacht nach kurzer Krankheit verstorben sei. Einer der besten Menschen, die ich kennengelernt hatte, lebte nicht mehr. Der Abschied am Flughafen zwei Jahre zuvor nach dem Besuch zum 90. Geburtstag unserer Mutter war also ein Abschied für immer gewesen. Der Verlust dieses Menschen ist der schwerste in meinem Leben und ich ringe bis heute damit, ihn zu akzeptieren und zu bewältigen.

Alazas Suchen, Glauben, Beten und Leben haben mir und meiner Familie einen überzeugten und überzeugenden Moslem als Familienmitglied beschert. Soweit wir unsere Familiengeschichte zurückverfolgen können, waren wir katholisch. Alaza ist mir und uns allen jetzt einen Schritt voraus, denn er weiß inzwischen, ob es einen Gott gibt, und wenn es den gibt, den wir gesucht haben, dann wird er in seiner Gegenwart sein. Zu Lebzeiten war sein Suchen meinem Suchen ein Ansporn, sein Glauben meinem ein Vorbild, sein Leben meinem eine Hilfe.

Geboren und aufgewachsen bin ich 1960 in Kleve am Niederrhein. In Westdeutschland lebte damals eine nahezu flächendeckend christlich geprägte Gesellschaft. Heute lebe ich in einem Land, in dem die evangelische und die katholische Kirche zusammen nicht einmal mehr die Hälfte der Bevölkerung ausmachen. In meinen Kindertagen wurde der Glaube getragen und gestärkt durch die Gemeinschaft. Davon ist allenthalben nur noch in Ansätzen etwas zu spüren. Ich konnte als Schüler in der Sonntagsmesse neben Klassenkameraden sitzen und lebte in einer Gesellschaft, in der man die Wahl hatte, katholisch, evangelisch oder komisch zu sein. Die christliche Religion war die Norm, und wer sich nicht dazu bekannte, der musste begründen, warum er nicht „normal" war.

Inzwischen sind die bekennenden Christen auf dem Weg dahin, die Komischen in der Gesellschaft zu werden, das heißt, sie müssen begründen, warum sie nicht „normal" sind, so wie die Mehrheit eben. Zwischen den Konfessionen hat dies allerdings zu einer schleichenden, positiven Veränderung geführt. Hieß es in meinen Kindertagen noch, dass man besser keine Mischehe eingehen soll, weiß die Jugend von heute nicht einmal mehr, was das Wort bezeichnet, nämlich die Ehe von zwei Menschen unterschiedlicher Konfession. Heute sind Eltern und Großeltern wahrscheinlich erfreut, sollte das religiös praktizierende Kind mit einem ebensolchen Partner nach Hause kommen, selbst wenn er einer anderen Konfession angehört. Ohne dass die Lehren der beiden Kirchen sich in den vergangenen Jahrzehnten großartig verändert haben, gilt inzwischen das als Glücksfall, was vor fünfzig Jahren noch bedauert wurde.

Darüber hinaus, und damit schließe ich an die Eingangsgeschichte an, empfinde ich es als eine Stärkung meines Glaubens, wenn ich Menschen begegne, die auf der Suche nach Gott sind, unabhängig von meiner Konfession, ja sogar Religion. Wenn das gemeinsame Suchen stärker ist als der trennende Glaube, dann entdecke ich im anderen genau das, was meinen Glauben stärkt, nicht nur über konfessionelle Grenzen hinweg, sondern inzwischen auch über religiöse.

Man mag einwenden, was denn dann mit der Wahrheit des Glaubens ist, ob diese dabei nicht auf der Strecke bleibe. Je älter ich werde, desto mehr habe ich jedoch meine Zweifel daran, dass die von mir erkannte Wahrheit, die ich bekenne, auch die richtige für den anderen ist.

Die Antwort auf die Aufforderung: „Entdecke, wer dich stärkt", hätte vor Jahrzehnten gelautet: „Der meinen Glauben teilt." Heute lautet meine Antwort: „Der mein Suchen teilt." Ein solcher Mensch stärkt mich mehr als jeder, der mir mit Überzeugung sagt, er habe die Wahrheit gefunden. Ich gehe sogar so weit, dass ich jeden suchenden Menschen meine und nicht nur den, der in den Religionen sucht. Die mit dem Suchen aufgehört haben, weil sie meinen, gefunden zu haben, sie machen mir eher Angst. Der Zweifel bewahrt uns vor dem Fundamentalismus. Er ist sicher nicht der bequemste Lebensbegleiter, aber er hält mich wach und lässt mich suchen.

Mitten im scheinbaren Nichts

Manege gGmbH,
Einrichtung für junge Menschen
im Berliner Bezirk Marzahn-Hellersdorf

Schwester Margareta Kühn SMMP

Sebastian hat noch zwei Zähne. Einen oben, einen unten. Sie sind in ihrer Größe und im haarscharfen Nebeneinanderstehen, wenn sich der Mund gekonnt schließt, für mich ein immer wieder faszinierendes Bild. Ich finde viele fehlende Zähne mit erst 21 Jahren nicht gut und schmerzhaft wird es auch oft (gewesen) sein. Dennoch werde ich nach unseren häufig flüchtigen Begegnungen oder kurzen Gesprächen auf der Straße jedes Mal wieder zurückgelassen mit einem Gefühl friedvoller Stimmigkeit, die von ihm auf mich überspringt. Wir sind Freunde und Sebastian sagte heute an der S-Bahn-Treppe, dass er mich jetzt schon vermisse, weil ich die Einrichtungsverantwortung der „Manege" bald abgeben werde. Noch so gelungene spätere Dankbarkeits- und Abschiedsreden werden das nicht toppen können.

Sebastian steht – generationsübergreifend – für viele Menschen, die ich hier in Marzahn-Hellersdorf kennen darf. Je nach Blickwinkel und Standort bewegen wir uns aus einer rein innerkirchlichen Sicht bei unserer Arbeit im „pastoralen Nichts". Einen getauften jungen Menschen habe ich unter unseren Jugendlichen bisher zweimal erlebt. Seit 2005 dürfen wir für junge Menschen (mittlerweile von acht Monaten bis ins 25. Lebensjahr hinein) da sein, die ihre Lebensspur verloren oder noch nicht entdeckt haben. Sie haben nicht das Glück gehabt, dass ein verlässliches Familiensystem ihre Entwicklungsschritte flankiert. Mit unserer Einrichtung sind wir genau dort, wo die Familien, Kinder und Jugendlichen leben, mit Angeboten der Jugendsozialarbeit, Jugendberufshilfe und Jugendhilfe zugegen. Einmaligkeit und Würde jedes einzelnen Jugendlichen stehen uns dabei immer vor Augen, es geht uns um nicht weniger als eine ganzheitliche Unterstützung in allen Lebenslagen. In der Arbeit mit den jungen Menschen wurde dabei sehr schnell klar, dass wir nicht allein zu „üblichen Zeiten" und termingebunden agieren können. Im Schichtsystem gewährleisten wir, dass immer jemand da ist – ganz gleich, ob ein junger Mensch in Not zum Beispiel ein Bett braucht oder die Wehen einsetzen.

Ich selbst gehöre seit 1985 zur Gemeinschaft der Schwestern der heiligen Maria Magdalena Postel. Gemeinsam mit den Salesianern Don Boscos bilden wir die „Manege gGmbH" und tragen mit vielen engagierten pädagogischen, psychologischen, handwerklichen, lehrenden und anleitendenden Mitarbeitenden die Arbeit der Manege im Don-Bosco-Zentrum. So mag man nun als geschätzte Leserschaft erwarten, dass auch Gott eingebracht werden muss, wenn es um „Stärkung" geht. Während eines dicht gedrängten „normalen" Arbeitstages finden wir uns um 18 Uhr zum Gottesdienst zusammen. In der Regel ziehe ich (wie es so schön heißt) gemeinsam mit dem Zelebranten – nur von der anderen Seite in die Kapelle kommend – ein und schalte mein Handy auf „stumm". Manchmal schaffe ich noch eine SMS während der Einstimmung, rücke meinen Schleier zurecht und versuche mich einzufinden. Nicht selten denke ich während der Lesung in einer Mischung aus Ruhelosigkeit und Geschafft-Sein, dass ich jetzt nicht auch noch die Schwierigkeiten des Heiligen Paulus aufnehmen möchte, doch ein Gedankensplitter, ein Moment, ein Funke meines Daseinsgrundes bleibt und geht immer mit raus in den Abend, in die Nacht, den schnell kommenden neuen Tag. (Auch) Ein verlässlicher Rhythmus ist stärkend.

Eine der Faszinationen unseres Lebens und unseres Dienstes hier in Berlin-Marzahn ist, dass wir – mal früher, mal später – ernten (dürfen), was wir säen. Wer das nicht entdeckt, der bleibt nicht lange oder arbeitet nicht intensiv genug. Mitten im scheinbaren Nichts sehen und erleben wir: Was wir den jungen Menschen mitgeben, das macht auch uns reicher, froher, stärker.

Es stärkt dich der, den du stärkst. Mitten in allem, was lebt und geschieht. Das ist eine der Ideen Gottes von Mitmenschlichkeit, glaube ich.

Dieses Projekt wird gefördert vom Bonifatiuswerk, insbesondere über die Kinder- und Jugendhilfe.

Surfen mit Leib und Seele

Esther Göbel

Ich bin eine Soulsurferin. So bezeichnen sich Menschen, für die das Surfen mehr ist als ein Sport. Für sie ist das Surfen auch innere Haltung und hat Bedeutung für die eigene Lebensgestaltung. Die Suche nach Sinn und danach, den Dingen eine Bedeutung zu geben, ist (m)eine Definition von Spiritualität.

Auf dem Wasser spüre ich eine unendliche Freiheit, wachse über mich hinaus und genieße es, ein kleines Teilchen des großen Universums zu sein. Es hat keinen Sinn, gegen Wind und Wasser anzukämpfen, das lehrt Demut. Aber es hat sehr viel Sinn, das Segel richtig zu setzen und mich von Kräften, die größer sind als ich, vorantreiben zu lassen. Ich erlebe auch meinen Glauben als eine solche größere Kraft im Leben, die mich vorantreibt.

Aloha-Spirit und christlich-ignatianische Prägung sind eine für mich heilvolle Liaison eingegangen. Als Theologin und Windsurflehrerin habe ich mit der Zeit eine ganz eigene Surf-Spiritualität entwickelt. Sie liegt dem „Surfkurs mit Tiefgang" zugrunde, den ich seit mehreren Jahren als Exerzitienkurs für Erwachsene anbiete. Surf&Soul ist meine Berufung. Hier verbinden sich für mich Leidenschaft, Profession und Sendungsauftrag.

Surfen ist tatsächlich die einzige (mir bekannte) Sportart mit religiösen Ursprüngen. Höhlenmalereien von Menschen auf Wellen zeugen vom Sport der Könige Polynesiens. Die Fischer manövrierten ihre sehr flachen Kanus durch die Brandung und machten sich die Kraft der Wellen zunutze. Dieser pragmatische Anfang des Wellenreitens hatte aber nicht nur den sportlich-geschickten Aspekt, sondern war wichtiger Bestandteil ihrer Naturreligion, die das Meer als Gottheit verehrte. Das Wellenreiten diente als Weg, sich mit den Gottheiten eins zu fühlen. Das hawaiianische Wort für Surfen ist „nalu" und bedeutet auch „Weg zu sich selbst".

Windsurfen ist nicht nur ein aufregender Wassersport, sondern kann auch dazu beitragen, die Persönlichkeit zu stärken. Die Kombination aus körperlicher Aktivität, mentaler Herausforderung und dem Element Wasser bietet eine gute Möglichkeit, sich selbst besser kennenzulernen und persönliche Grenzen zu überwinden.

Windsurfsegel und Boards sind also nicht nur einfach Sportgeräte, sondern können auch als Metapher für die tragende Kraft des Lebens betrachtet werden. Das Surfen ermöglicht es, die Wellen des Ozeans zu reiten und sich mit der Natur zu verbinden. Es steht als Metapher für die Fähigkeit, sich den Herausforderungen des Lebens zu stellen und sie zu meistern. Die übertragende Kraft des Windsurfens liegt in der Möglichkeit, sich vom Surfbrett über das Wasser tragen zu lassen und dabei ein Gefühl von Freiheit und Leichtigkeit zu erleben. Es erfordert jedoch auch Geschicklichkeit, Gleichgewicht und Ausdauer, um auf dem Brett zu bleiben und die Wellen zu beherrschen. Ähnlich wie im Leben braucht man auch zum Surfen ein Fundament, einen sicheren Boden, der verlässlich trägt.

Die Symbolik des Segels macht deutlich, wie nah Erfolg und Scheitern oft beieinanderliegen. Minimale Korrekturen entscheiden über optimalen Vortrieb oder eben das Übersteuern in den Gegenwind. In vielen Situationen haben wir selbst es in der Hand, wie wir mit Druck umgehen. Ob er hilft, voranzukommen oder zu stark wird und einem alles aus der Hand reißt.

Eine der ersten Lektionen, die das Windsurfen lehrt, ist Geduld. Es erfordert Zeit und Übung, um die Techniken des Sports zu beherrschen. Anfänger:innen müssen erst lernen, mit den Elementen umzugehen, und ihre Fähigkeiten entdecken, den Wind zu nutzen, statt gegen ihn zu kämpfen. Es erfordert Ausdauer und Durchhaltevermögen, immer wieder neu aufs Board zu steigen, und viele Manöver gelingen eben nicht sofort. Auf dem Wasser erscheint es so viel leichter, sich selbst gegenüber fehlerfreundlich zu sein, den Glauben an die eigenen Fähigkeiten auch bei Rückschlägen zu bewahren und erste Schwierigkeiten zu bewältigen.

Windsurfen kann das Selbstvertrauen stärken. Wenn man es schafft, auf dem Brett zu stehen und sich mit dem Wind fortzubewegen, fühlt man sich unabhängig und frei. Das Überwinden von Herausforderungen und das Erreichen persönlicher Ziele können das Selbstwertgefühl steigern und das Vertrauen in die eigenen Fähigkeiten stärken. Windsurfen erfordert aber auch ganz physisch einige Kraft und stärkt den gesamten Bewegungsapparat. Das Balancieren auf dem Brett erfordert eine stabile Körperhaltung und die richtige Gewichtsverlagerung. Das Halten des Segels erfordert Kraft in den Armen und Schultern.

Die Kursformate von Surf&Soul wollen einen Ankerplatz in den Stürmen und Flauten des Alltags schaffen, an dem über den Wassersport hinaus Raum für Spiritualität und

Nachdenken über relevante Fragen des Lebens ist. Das Motto lautet: Segel setzen und die Seele treiben lassen. Was die Teilnehmenden im Surfkurs praktisch und körperlich lernen, wird in Bezug zu ihrem Leben gesetzt und reflektiert: Wie finde ich Mut für den ersten Schritt und welche Sicherheiten brauche ich, um etwas Neues zu wagen? Wie finde ich Balance? Wie gehe ich mit Druck um und kann ihn in Vortrieb umsetzen, statt mit Gegenwind zu kämpfen? Welche Ziele setze ich und wie kann ich dahin steuern? Was motiviert, was frustriert, was ängstigt mich?

Exerzitien sind zunächst einfach „Übungen" – im Grunde eine Art spirituelles Training, mit dem man sich ebenso langsam an das herantastet, was eine:n beschäftigt, ängstigt, sorgt. Man probiert verschiedene Arten von Gebet, Meditation, spiritueller Praxis aus, um herauszufinden, was guttut und hilfreich ist. Und wenn man etwas gefunden hat, bleibt man dabei und macht es sich zur guten Gewohnheit. Man „trainiert" sich also etwas Neues an.

Jede:r Teilnehmer:in kommt mit persönlichen Herausforderungen und Themen in den Kurs. Viele gehen gestärkt und ermutigt wieder heraus. Und manche kommen genau deshalb immer wieder. Für mich ist der Vers Josua 1,9 ein wichtiges Motiv in der Kursbegleitung geworden: *„Sei mutig und stark, fürchte dich nicht und hab keine Angst, denn der Herr, dein Gott, ist mit dir überall, wo du unterwegs bist."*

In diesem einen Vers stecken mehrere Kursthemen:

1. Ermutigung zum Umgang mit Ängsten: Sich den eigenen Lebensthemen zu stellen und sie zu reflektieren, kostet Überwindung und Mut. Oft sind damit schmerzhafte Prozesse und unangenehme Gefühle verbunden. Auch

etwas Neues zu beginnen, erfordert Mut für den ersten Schritt ins Ungewisse.

2. Die Versicherung, dass da ein Gott ist, der:die mit mir geht und mich nicht im Stich lässt. Es ist kein naives Vertrauen, dass schon nichts Schlimmes passieren wird, sondern die Zusage, dass, selbst wenn etwas passiert, ich nicht alleingelassen bin.

3. Der:die mich begleitet, ist MEIN Gott. Es geht um eine persönliche Beziehung, um mein Gottesbild, meine Ahnung vom Göttlichen. Und um mich. Ich werde gesehen, mit Stärken, Schwächen, Hoffnungen und Ängsten.

4. Und das alles geschieht „überall und unterwegs". Zum Beispiel auf dem Wasser beim Surfen. Oder beim Gebet in der Kapelle. Oder beim Spaziergang im Wald. Oder beim Essen oder im Gespräch. Gott suchen und finden in allen Dingen öffnet den Raum für die persönliche Begegnung mit meinem Gott.

Stärkung ist also ein vielschichtiger und ein spiritueller Prozess, der uns dazu ermutigt, unsere innere Kraft und unser Potenzial zu erkennen und zu entfalten. Es geht darum, unsere Verbindung zu Gott als Quelle des Lebens zu vertiefen und uns bewusst zu machen, dass wir geliebte Kinder Gottes sind und eine Verheißung zum Leben in Fülle haben – auch (oder gerade wenn?!) wir in unserem Leben mit Sturm oder Flaute zu kämpfen haben.

So habe ich im Laufe der Zeit einige Lektionen „Vom Surfen fürs Leben gelernt" gesammelt, die Menschen durch die Teilnahme am Surfkurs mit Tiefgang bestärkt haben:

1. Selbstliebe/Selbstakzeptanz lernen

Sich selbst anzunehmen und lieben zu lernen bedeutet, sich selbst wertzuschätzen und nicht von negativen Glaubenssätzen oder der Meinung anderer beeinflussen oder gar definieren zu lassen. Die Stärkung beginnt für viele damit, dass sie sich selbst als Kind Gottes lieben und ihre Lebensgeschichte mit allen Brüchen und Hindernissen annehmen lernen. Zum christlichen Doppelgebot der Liebe gehört ganz wesentlich der Satzteil „wie dich selbst". Zu entdecken und zu erfahren, dass man einzigartig geschaffen und in Gottes Augen teuer und wertvoll ist, stärkt und fördert den Selbstwert, unabhängig von der eigenen Lebens- und Leistungsgeschichte. Jede:r spiegelt auf seine Weise etwas von der göttlichen Vielfalt wider.

2. Herausforderungen annehmen

Das Heraustreten aus der eigenen Komfortzone, ob auf dem Wasser oder hinsichtlich der Selbstreflexion, kann helfen, Klarheit über sich und die eigenen Möglichkeiten und Fähigkeiten zu gewinnen und zu entdecken, dass man auch außerhalb der bisher gesetzten Grenzen selbstwirksam handeln kann. Sich neue Ziele zu setzen, Hindernisse auf dem Weg zu überwinden, aber dabei auch die eigenen Bedürfnisse zu achten und gegebenenfalls Grenzen zu respektieren, verhilft zu einem realistischen Blick auf Möglichkeiten, Ressourcen und Entwicklungsspielräume für das eigene Wachstum. Manche Menschen sind durch negative Glaubenssätze oder alte Verletzungen so gefangen, dass sie ihr volles Potenzial nicht entfalten können. Diese zu erkennen und durch lebensförderlichere Glaubenssätze zu ergänzen, kann befreien und neue Anfänge ermöglichen. Denn wie eine alte Surfweisheit sagt: *„Du kannst die Wellen nicht stoppen, aber du kannst Surfen lernen!"*

3. Entscheidungen treffen
Ein weiterer Aspekt der Stärkung ist das Entdecken und Unterscheiden der eigenen Handlungsmotive. Jede:r trägt ein ganzes Team innerer Stimmen mit sich, die sich ständig einmischen. Vielleicht lässt sich aber auch die eine tiefe innere Stimme entdecken, die uns zu mehr Freiheit und Selbstständigkeit – kurz zum Leben – führen will? Diese Stimme ist für viele mit Gott verbunden, und Meditation, Achtsamkeitsübungen oder andere Gebetsformen können helfen, diese innere Stimme wahrzunehmen und ihr zu vertrauen. Sie hilft dabei, Entscheidungen zu treffen, die im Einklang mit unserem tiefsten Selbst stehen.

4. Natur erfahren
Am Meer atmen viele Menschen auf. Die Weite von Wasser, das in den Himmel überzugehen scheint, lässt innerlich zur Ruhe kommen. Auch Stille lässt die Seele mal ausklingen. In einem oft stressigen und von vielen Dingen belasteten Alltag sehnen sich viele nach stillen Momenten, in denen sie mal nichts tun müssen, sondern einfach nur „da sein" können. „Kraft tanken" ist keine zufällige Metapher!

5. Gemeinschaft erleben
Durch das Teilen von Erfahrungen im Gespräch zu erkennen, dass man nicht allein, sondern mit anderen verbunden ist, stärkt das Zugehörigkeitsgefühl, indem man sich gegenseitig unterstützt und Verbundenheit schafft.

Stärkung und Ermutigung sind kontinuierliche Prozesse, die immer wieder die Verbindung zu dem suchen, was Kraft und Hoffnung spendet, inspiriert und innerlich frei macht. Was für eine Person funktioniert, muss nicht unbedingt für andere ebenso gelten. Und was für einen bestimmten Lebensabschnitt gut und hilfreich war, funktioniert morgen vielleicht so nicht mehr. Es geht darum, bewusst wahrzunehmen, was mit den lebensbejahenden Quellen verbindet. Die Bereitschaft, sich weiterzuentwickeln und neue Dinge (kennen) zu lernen, ist dafür unerlässlich. Denn: *„Der Ozean kennt keine völlige Ruhe. Der Ozean des Lebens auch nicht" (Mahatma Gandhi).*

Lernen von einem kleinen, sehr großen Mann

Stefan Gödde

Da sage nochmal einer, im Internet gäbe es nur süße Katzenvideos. Um mich auf dieses Kapitel vorzubereiten, habe ich die Follower meines Instagram-Accounts gefragt: „Wer oder was stärkt euch?" Und die Antworten waren, wie vom Online-Universum nicht anders zu erwarten, bunt gemischt: Es gab eher praktische, handfeste Hinweise: „Sport", „italienische Musik", „Sauvignon blanc". Aber auch Retrospektives: „Der Blick in die Vergangenheit, wie weit ich mich in den letzten Jahren entwickelt habe." Auch der Blick in die Zukunft war dabei: „Die Hoffnung auf Besseres und die Zuversicht." Andere User hingegen sahen eher den Aspekt der Stille als stärkend: „Zeiten für mich", „Ruhe", „inneres Gleichgewicht". Ein großer Teil der Antworten bezog sich auf Erlebnisse in der Natur: „Wanderungen mit meinen Hunden in den Bergen, dort werden meine Probleme kleiner", „Sonnenlicht, frische Luft, Blick aufs Meer". Und dann natürlich noch der große Bereich des Zwischenmenschlichen: „meine Freunde und Familie", „Kollegen", „die großartigen Menschen der Shalom-Gemeinschaft in Arnsberg". Eine weitere Rückmeldung lautete: „Ich weiß nicht, ob du mein Feedback hören willst, es wäre vermutlich superfromm ;)." Andere User waren da nicht so zögerlich, denn erstaunlich viele Antworten lauteten: „Gebet", „mein Glaube", „Gott".

Ein großes Spektrum also. Und doch – so denke ich – kann man drei große „Bereiche der Stärkung" zusammenfassen:

Beziehungen.
Natur und Stille.
Glaube und Gebet.

Und mit diesen Konzepten im Hinterkopf möchte ich Sie jetzt auf eine gedankliche Reise mitnehmen. Sie beginnt am Hauptbahnhof in München, geht weiter über den Brenner und endet in Italien. Denn dort – auf der anderen Seite der Alpen – befindet sich ein Ort, den ich persönlich als besonders stärkend empfinde. Ein Ort, von dem die meisten Menschen schon einmal gehört haben, doch nur die wenigsten – so höre ich aus meinem Bekannten- und Freundeskreis – waren bereits dort. Ich möchte Sie ermutigen, diesen besonderen Ort einmal zu besuchen. Er wird auch Ihnen, davon bin ich überzeugt, Frieden und Kraft schenken.

Im Zug, der von München aus nun in Richtung Bologna rattert, vorbei an spektakulären Ausblicken auf die Alpen, erinnere ich mich an die Geschichte jenes Mannes, der den Zielort dieser Reise weltberühmt gemacht hat. Sein Geburtsname: Giovanni, also Johannes. Dieser Johannes ist vom Leben eigentlich gesegnet, denn er wird in eine angesehene Familie hineingeboren. Sein Vater ist Händler – ein reicher, strenger Mann. Johannes bekommt eine standesgemäße Schulbildung und soll das Geschäft seines Vaters übernehmen. Der reiche Jüngling ist dem Feiern nicht unbedingt abgeneigt, ein junger Lebemann also, der mit Papas Geld gerne Partys schmeißt. Und doch muss er – so ist das in diesen Zeiten – in den Krieg ziehen gegen die Nachbarstadt. Dort wird er gefangen genommen und kommt erst durch die Lösegeldzahlung seines Vaters wieder frei.

Warum erzähle ich Ihnen diese Geschichte? Diese seltsame Geschichte des jungen „Johannes", der eine italienische Stadt weltberühmt gemacht haben soll? Ganz einfach: Dieser Johannes ist niemand anderes als ein Heiliger: der heilige Franz von Assisi, der unsere Welt so nachhaltig beeinflusst hat wie wohl nur wenige andere Personen der Kirchen- und Zeitgeschichte.

Unser „Johannes" namens Giovanni di Pietro di Bernardone wird im Jahr 1181 (oder 1182) im umbrischen Assisi geboren. Sein Vater Pietro, ein Tuchhändler, war bei der Geburt seines Sohnes beruflich unterwegs – in Frankreich, wo es ihm offensichtlich gut gefiel. Denn als er zurück nach Hause kam, gab er seinem Sohn Giovanni den Rufnamen „Francesco" – was übersetzt nichts anderes bedeutet als „kleiner Franzose". Das also ist des Rätsels Lösung, warum wir heute nicht vom heiligen Johannes von Assisi sprechen, sondern vom heiligen Franz. Und genau dieser Franz von Assisi ist es ja, der unseren aktuellen Heiligen Vater – Papst Franziskus – dazu inspirierte, sich als erster Papst der Kirchengeschichte nach dem „Poverello" – dem kleinen Armen von Assisi – zu benennen. Moment mal, warum „armer" Franz? Er war doch ein reicher Lebemann, oder etwa nicht?

Einige von Ihnen kennen vermutlich die Lebensgeschichte des heiligen Franz von Assisi. Falls nicht, hier ein kurzer Überblick, der nur einige zentrale Stationen des Lebensweges beleuchten soll. Und die Legende besagt, dass eine dieser entscheidenden Lebensszenen ein echter Paukenschlag ist:

Da steht dieser junge, reiche Sohn des Tuchhändlers – aus der Gefangenschaft zurückgekehrt – im Zentrum von Assisi. Und die Menschen können beobachten, wie sich dieser junge Mann splitterfasernackt auszieht. Sogar unter den Augen des Bischofs, was für ein Skandal! Dabei, so heißt es, wirft er seinem Vater Pietro seine Kleidung vor die Füße und ruft ihm voller Entschlossenheit – sinngemäß – entgegen: „Du bist nicht mehr mein Vater, mein Vater ist im Himmel!"

Was hatte das Leben des jungen Franz so radikal verändert? Was war passiert? Nun ja, Vater Pietro hatte seinen Sohn vor Gericht verklagt, weil dieser heimlich das elterliche Geld genommen hatte, um es den Armen zu geben. Und um eine kleine, verfallene Kapelle namens „San Damiano" Stein für Stein wieder aufzubauen. Denn genau hier, am Kruzifix von San Damiano, war Franz im Gebet versunken gewesen, als plötzlich Jesus vom Kreuz herab zu ihm spricht: „Franziskus, geh und baue mein Haus wieder auf, das, wie du siehst, ganz und gar in Verfall gerät." Und genauso macht es Franziskus. Er nimmt an, dass der Auftrag des Herrn wortwörtlich gemeint ist – und so baut er nicht nur San Damiano wieder auf, sondern auch eine kleine, in der Nähe befindliche Kapelle namens „Portiunkula" – was man (wir kennen ja das Wort „Portion" im Deutschen) als „kleine Portion Land" übersetzen könnte. Alles, wie gesagt, finanziert durch das Geld des Vaters, was zum spektakulären Bruch mit seinen Eltern führt. Von nun an ist das Leben des heiligen Franz von Armut bestimmt, von Entsagungen. Er verbringt einige Zeit als Einsiedler, pflegt Pestkranke, entsagt der Logik der Welt von Reichtum, Ruhm und Macht. Er kleidet sich in eine einfache Kutte, umgürtet sich mit einem simplen Strick, geht barfuß, will Christus immer ähnlicher werden. Ein Radikaler im besten Wortsinne, der das Evangelium zur Wurzel – lateinisch „radix" – seines Lebens macht. Gemeinsam mit zwei Vertrauten – so erzählt es die sogenannte „Dreigefährtenlegende" – schlägt Franziskus wahllos die Bibel auf, und es kommen diese drei Jesusworte zum Vorschein:

1. „Wenn du vollkommen sein willst, geh, verkauf deinen Besitz und gib ihn den Armen; und du wirst einen Schatz im Himmel haben; und komm, folge mir nach!" (Matthäus 19,21).
2. „Nehmt nichts mit auf den Weg, keinen Wanderstab und keine Vorratstasche, kein Brot, kein Geld und kein zweites Hemd" (Lukas 9,3).
3. „Wenn einer hinter mir hergehen will, verleugne er sich selbst, nehme täglich sein Kreuz auf sich und folge mir nach" (Lukas 9,23).

So begann also der Weg des heiligen Franziskus, der in den folgenden Jahren immer mehr Männer – später auch Frauen – dazu inspirierte, die Welt mit den Augen der Armen zu betrachten, die Natur wertzuschätzen, Jesus also möglichst authentisch nachzufolgen. Der Orden der „Minderbrüder" war geboren.

Nach einem kurzen Umsteigestopp in Bologna geht es für mich nun mit der italienischen Bahngesellschaft „Trenitalia" weiter in Richtung Assisi. Ja, die Anreise mit der Bahn nach Italien dauert zwar deutlich länger als mit dem Flugzeug. Doch so habe ich auch mehr Zeit, die unterschiedlichen Landschaften auf mich wirken zu lassen, die sanften, geschwungen Hügel der Toskana rund um Florenz. Dann weiter durch Arezzo, am Trasimenischen See vorbei bis zum Ziel „Stazione di Assisi". Und nur kurz zur Orientierung: Wenn man von „Assisi" spricht, dann gibt es natürlich den weltberühmten Ort Assisi, dort oben am Berg, dem Monte Subasio. Aber rund zehn Autominuten davon entfernt auch eine „Unterstadt" im Tal – sie heißt „Santa Maria degli Angeli". Eine Kleinstadt mit einer gewaltigen Kirche, die übrigens zu den größten Sakralbauten der Welt zählt. „Unsere Liebe Frau von den Engeln" – so die Übersetzung – ist „Haupt und Mutter der ganzen Kirchen der Minderbrüder", weil sie in ihrem Zentrum die kleine Portiunkula-Kapelle beherbergt, die der heilige Franz ja wieder aufgebaut hatte und die für ihn – so berichtet der erste Franziskus-Biograf Thomas von Celano – von überragender Bedeutung war:

> „Seht zu, meine Söhne, dass ihr diesen Ort niemals verlasst. Wenn ihr auf der einen Seite hinausgejagt werdet, geht auf der anderen wieder hinein; denn dieser Ort ist wahrhaftig heilig und die Wohnstätte Gottes."

Und ganz in der Nähe dieses so wichtigen Ortes, nur wenige Meter von der Portiunkula-Kapelle entfernt – in der „Cappella del Transito" – der Kapelle des Übergangs also, starb der heilige Franz am 3. Oktober 1226. Der Legende nach: nackt. Auf der bloßen Erde liegend. Selbst in seiner letzten Stunde wollte Franziskus – der im Reichtum geboren wurde – nichts anderes als arm sein. Und bei Gott sein, seinem Schöpfer.

Gut zehn Minuten braucht man, wie gesagt, mit dem Bus von Santa Maria degli Angeli, hier unten im Tal, hinauf nach Assisi. Per pedes dauert es gut fünfzig Minuten, und der Fußmarsch lohnt sich, denn auf dem Weg hinauf nach Assisi, in die „Stadt des Friedens", kommt man am kleinen Kloster von San Damiano vorbei. Sie erinnern sich: Hier hatte der heilige Franz vom gekreuzigten Christus die Worte gehört, seine Kirche wieder aufzubauen. Das weltberühmte Original-Kreuz von San Damiano befindet sich heute nicht mehr hier (es wird zur öffentlichen Verehrung in der Kirche Santa Chiara in Assisi aufbewahrt), und doch möchte ich Ihnen einen Besuch des kleinen Klosters von San Damiano dringend ans Herz legen. Denn dies ist der Ort, an dem der heilige Franz kurz vor seinem Tod eines der berühmtesten Gedichte der Welt, den „Sonnengesang", schrieb. „Laudato si'" sind darin die zentralen Worte, übersetzt: „Gelobt seist Du." In diesem Gedicht preist Franziskus seinen Herrn für „Bruder Sonne", „Schwester Mond", für Erde, Wind und Feuer. Und er preist Gott für „unsere Schwester, den leiblichen Tod". Franz von Assisi schreibt diese bewegenden Worte des Lobes und Dankes in den letzten Jahren seines Lebens. Seine Gesundheit ist spürbar angegriffen, er ist geschwächt und leidet an einer Augenkrankheit. Und obwohl er praktisch blind ist, verbittert er nicht darüber, im Gegenteil. Er dankt Gott für „den Herrn Bruder Sonne, […] schön ist er und strahlend und in großem Glanz: von Dir, Höchster, ein Sinnbild". Jeden Abend um 19 Uhr (im Winter bereits um 17 Uhr) beten die Franziskaner-Brüder hier die Vesper, das Abendlob der Kirche. Ein berührendes Erlebnis, das Sie nie wieder vergessen werden!

Weiter geht es zu Fuß den recht steilen Weg hinauf, von San Damiano in Richtung Assisi. Vorbei an Olivenbäumen, an duftenden Wiesen, bunten Sommerblumen. Die Perspektive weitet sich und gibt den spektakulären Blick frei ins weite umbrische

Tal. Ja, genau diese Landschaft muss der heilige Franz wohl vor seinem geistigen Auge gehabt haben, als er seinen „Sonnengesang" schrieb: „Gelobt seist Du, mein Herr, durch unsere Schwester, Mutter Erde, die uns erhält und lenkt und vielfältige Früchte hervorbringt und bunte Blumen und Kräuter."

Ich bin verabredet mit Bruder Thomas Freidel. Der deutsche Franziskaner-Minorit wohnt schon seit einigen Jahren in Assisi und ist dort der Ansprechpartner für alle deutschsprachigen Pilger. Ein profunder Kenner – nicht nur, wenn es um seinen Ordensgründer, den heiligen Franziskus, geht, sondern auch um dessen Grablege, die beeindruckende Basilika San Francesco. Hier – in der Krypta – befinden sich die sterblichen Überreste des Poverello, des kleinen Armen, der bereits zwei Jahre nach seinem Tod heiliggesprochen wurde, am 16. Juli 1228. Und schon einen Tag später war Grundsteinlegung für diese mächtige Kirche, die heute zum UNESCO-Weltkulturerbe gehört. Nicht zuletzt, so erklärt mir Bruder Thomas, wegen der faszinierenden Fresken in der Oberkirche, einem der schönsten Räume der italienischen Kunstgeschichte.

Der weltberühmte Maler Giotto hat hier die wichtigsten Stationen im Leben des Franz von Assisi verewigt. Zu sehen ist die bekannte Episode, wie Franz den Vögeln predigt. Oder dort hinten an der Wand die dramatische Szene, wie Franziskus auf dem Berg La Verna von einem Seraph, einem Engel mit sechs Flügen, die Wundmale Christi empfängt. Und natürlich auch der Tod des Heiligen. Ein Tod, der seinen Gedanken, Idealen und seiner Mission allerdings kein Ende setzte, ganz im Gegenteil.

Junge Menschen aus allen Schichten waren von Franziskus fasziniert, und sie folgten ihm nach. Bei seinem Tod sollen es

58

bereits rund dreitausend Brüder gewesen sein. Nicht zu vergessen auch der weibliche Zweig des Ordens: Die Klarissen, gegründet von der heiligen Klara von Assisi. Und die Franziskus-Faszination ist auch nach mittlerweile 800 Jahren nicht abgerissen. Heute gibt es zehntausende Frauen und Männer weltweit in zahlreichen franziskanischen Gemeinschaften (zum Beispiel auch meine Freunde, die Kapuziner!), die in der Nachfolge dieses kleinen Mannes aus Assisi leben. Der die Natur liebte, den Frieden, die Stille. Dem die Beziehungen zu anderen Menschen wichtig waren. Ein Mann, der vor allem aber auch durch das Gebet gestärkt wurde – und durch den Glauben an Gott, seinen Schöpfer.

Erinnern Sie sich noch an den Beginn dieses Textes? „Wer oder was stärkt euch?" hatte ich auf Instagram gefragt. „Beziehungen. Natur und Stille. Glaube und Gebet" waren die Antworten. Dinge also, die nicht nur dem Poverello damals bedeutsam waren. Nein, sie sind uns auch heute immer noch wichtig. Vermutlich ist nicht jeder von uns berufen, ein solch „radikaler" Heiliger zu werden wie Franz von Assisi. Nicht so konsequent in der Einsicht, dass Geld, Ruhm und Macht – all diese weltlichen Konzepte – am Ende nichts zählen.

Aber hier in Assisi spüre ich bei meinen Besuchen immer wieder, dass es im Leben so viel mehr gibt. Diese Stadt strahlt eine so intensive Ruhe auf mich aus und schenkt mir einen so tiefen Frieden, dass ich mir sicher bin: Es gibt einen Schöpfer, der es gut mit mir meint! Und gerade in diesen aufgewühlten Zeiten von Krisen und Klimawandel wird mir hier in Assisi überdeutlich, was wirklich wichtig ist im Leben: Wir müssen auf unsere Mitmenschen achtgeben, auf die Tiere, auf unsere Umwelt. Sollten dabei mutig und fröhlich sein. Und selbst in dunklen Zeiten – so wie es der fast erblindete Franziskus in seinem Sonnengesang getan hat – niemals vergessen, DANKBAR zu sein für so viel Gutes in der Welt.

Ich bin mir sicher: Wir können viel lernen von diesem kleinen, sehr großen Mann aus Assisi. Viel lernen, das uns stärkt.

Auf Jesus blicken

Sr. M. Ursula Hertewich OP

Oktober 2023. Wie in jedem Jahr ist mir wieder die Gelegenheit geschenkt, mich zehn Tage aus dem Alltag herauszunehmen und in einem kleinen, abgelegenen Dorf in der Schweiz ins Schweigen der Exerzitien einzutauchen. Ich erlebe dort eine reibungsvolle Zeit. Herausfordernde Wochen und Monate liegen hinter mir, in denen ich in vielerlei Hinsicht persönlich gefordert war. Bohrende, drängende Fragen liegen mir auf der Seele, und mein Herz fühlt sich ein wenig verloren in dieser unheilen Welt. Die Klimakrise, der unsägliche Krieg in der Ukraine, die bedrohlich eskalierende Gewalt im Heiligen Land, der beängstigende politische Rechtsruck im eigenen Land, die Abgründe, die sich in unserer Kirche aufgetan haben, ganz abgesehen von so vielen alltäglichen Herausforderungen, mit denen wir als Ordensgemeinschaft mit einem Altersdurchschnitt von 83 Jahren umzugehen haben: In der Stille der Exerzitien, ohne jede Möglichkeit der Ablenkung, wiegt alles doppelt schwer. Gegen Ende der Woche, kurz bevor ich wieder nach Hause zurückkehre, gibt mir meine Begleiterin für die persönliche Meditation einen kleinen Ausschnitt aus dem Hebräerbrief:

„Darum wollen auch wir, die wir eine solche Wolke von Zeugen um uns haben, alle Last und die Sünde abwerfen, die uns so leicht umstrickt. Lasst uns mit Ausdauer in dem Wettkampf laufen, der vor uns liegt, und dabei auf Jesus blicken, den Urheber und Vollender des Glaubens; er hat angesichts der vor ihm liegenden Freude das Kreuz auf sich genommen, ohne auf die Schande zu achten, und sich zur Rechten von Gottes Thron gesetzt. Richtet also eure Aufmerksamkeit auf den, der solche Anfeindung von Seiten der Sünder gegen sich erduldet hat, damit ihr nicht ermattet und mutlos werdet!" (Hebräer 12,1-3)

„... und dabei auf Jesus blicken ... " – ich muss ein wenig über mich selbst schmunzeln, als mich ausgerechnet diese Einladung in meiner morgendlichen Gebetszeit trifft wie ein Blitz. Sollte man nicht davon ausgehen, dass es für eine Ordensfrau selbstverständlich ist, auf Jesus zu blicken? Okay – so stelle ich etwas ernüchtert fest –, für mich war es in der letzten Zeit offensichtlich nicht mehr so klar, und so nehme ich mir vor, mir in den restlichen Gebetszeiten des Tages vor Augen zu führen, was genau mich eigentlich an diesem Jesus fasziniert und inspiriert.

- *„Er aber schritt mitten durch sie hindurch und ging weg"* (Lukas 4,30). – Der Evangelist Lukas berichtet von einer spektakulären Antrittsrede Jesu in seiner Heimatstadt Nazareth. Nach anfänglicher Faszination über „die Worte der Gnade, die aus seinem Mund hervorgingen" kippt die Stimmung in der Synagoge dramatisch schnell: „Ist das nicht Josefs Sohn? Wie kann der so reden?" Statt sich zu erklären und zu autorisieren, hält Jesus den Menschen einen Spiegel vor und sticht damit offensichtlich in ein Wespennest: Die Leute geraten in blinde Wut und wollen ihn den Abhang des Berges hinunterstürzen, auf dem ihre Stadt erbaut ist.

Ich blicke hier auf Jesus, den Souveränen: In Situationen, in denen ich selbst mich bedrängt fühle und meine, keinen Ausweg zu haben, wünsche ich mir etwas von Jesu Erhabenheit, die nicht zulässt, in die Enge geführt zu werden.

- Ein verzweifelter Synagogenvorsteher fällt vor Jesus nieder und bittet ihn, seiner toten Tochter die Hand aufzulegen und sie ins Leben zurückzuholen. Jesus geht mit ihm in sein Haus, wo bereits die Totenklage in vollem Gange ist. *„Das Mädchen ist nicht gestorben, es schläft nur"* (Matthäus 9, 24b), stellt er fest und erntet dafür von den eben noch Klagenden bitteren Hohn. Als die lachenden Leute hinausgeworfen sind, genügt ein einziger Händedruck Jesu, um ein totgeglaubtes Mädchen aufstehen zu lassen.

Ich blicke auf Jesus in seiner großen Sensibilität: Wo ich nur noch Hoffnungslosigkeit und Tod sehe, erspürt Jesus das Leben, heilt und richtet auf.

- *„Warum habt ihr solche Angst, ihr Kleingläubigen?"* (Matthäus 8,26). Die Jünger sitzen mit Jesus im Boot, als mitten auf dem See ein gewaltiger Sturm losbricht. Die Wellen fluten das Boot, doch Jesus liegt hinten und schläft so seelenruhig, wie nur ein Kind schlafen kann. Als sie sich panisch an ihn wenden: „Herr, rette uns, wir gehen zugrunde", steht Jesus auf und droht dem Wind und dem See. Und es tritt völlige Stille ein. Nicht ein bisschen weniger Wind und Wellen, nein: völlige Stille.

Ich schaue in dieser Szene auf Jesus, den über alles Erhabenen, dessen Vollmacht seiner liebenden Verbundenheit mit dem Vater entspringt. Und ich wünsche mir, dass er all das, was sich in dieser Welt und in meinem eigenen Herzen laut und bedrohlich aufbläht, zum Schweigen bringt.

- Am Teich von Betesda sieht Jesus neben vielen anderen Blinden, Lahmen und Verkrüppelten einen Mann liegen, der seit 38 Jahren krank ist. So krank, so gelähmt, dass ein heiles, gesundes Leben ganz offensichtlich nicht mehr in seiner Vorstellungskraft liegt. Auf die Frage „Willst du gesund werden?" kann er jedenfalls keine eindeutige Antwort geben. *„Steh auf, nimm deine Liege und geh!"* (Johannes 5,8). – Als sei es das Selbstverständlichste der Welt, wird der Mann nach dieser Aufforderung Jesu gesund, nimmt seine Liege und geht.

  Ich schaue in dieser Heilungsgeschichte auf Jesus, den Herausfordernden, dessen Wort ins Leben provoziert. Wo ich jegliche Hoffnung auf Heilung und Ganzsein verloren habe, sieht Jesus die größeren Möglichkeiten, die weit über meinen eigenen Horizont hinausreichen.

- *„Da wandte sich der Herr um und blickte Petrus an"* (Lukas 22,61a). Der gleiche Petrus, der Jesus unmittelbar vor dessen Verhaftung noch großmundig seine Treue bis in den Tod geschworen hat, wird wenige Stunden später in der Nacht der Gefangennahme zum armseligen Häufchen Elend. Ein bisschen wärmen will er sich am Feuer, welches man im Hof angezündet hat, nur von Weitem folgt er seinem Meister in dieser brenzligen Situation. Dreimal wird er von den Umstehenden als Jünger Jesu identifiziert, doch vor lauter Angst wagt er noch nicht einmal, einer einfachen Magd seine Verbundenheit mit ihm zu gestehen. Ich ahne, dass Petrus in diesem Moment in seinem Inneren unvorstellbare Qualen leidet. Wie unglaublich tröstlich ist es, dass ein einziger Blick Jesu genügt, Petrus aus dieser Hölle zu befreien und wieder in die Beziehung zurückzuführen: *„Da erinnerte sich Petrus an das Wort, dass der Herr zu ihm gesagt hatte: Ehe heute der Hahn kräht, wirst du mich dreimal verleugnen. Und er ging hinaus und weinte bitterlich"* (Lukas 22,61b-62).

Ich schaue auf Jesus, dessen souveräne Liebe selbst den Abgrund des Verrats überwindet.

„… und dabei auf Jesus blicken …" – der Tag, an dem ich dies während meiner Meditationszeiten in den Exerzitien ganz konkret versucht und geübt habe, hat meine Seele auf eine Weise aufgerichtet, wie ich es nur selten zuvor erlebt habe. Und die Wirkung hält immer noch an. Der konkrete Blick auf Jesus, auf seine Hingabe, seinen Umgang mit den Menschen, seine Liebe zum Vater, seine bedingungslose Liebe schenkt mir die Kraft, der Hoffnungslosigkeit zu widerstehen, die sich wie ein Krebsgeschwür in der Welt um mich herum ausbreitet. Der Blick auf Jesus hilft mir dabei, mir Tag für Tag die wichtige Frage zu stellen, wie ich persönlich den Menschen um mich herum, mir selbst und auch unserer verwundeten Schöpfung gerecht werden kann. Der Blick auf Jesus lässt mich nicht teilnahmslos zusehen, wenn die Würde von Menschen mit Füßen getreten wird und blinder Hass um sich greift. Und der Gedanke, dass der Blick auf Jesus bereits Generationen von Menschen vor mir die Kraft geschenkt hat, dem Bösen zu trotzen und Licht in die Welt hineinzutragen, ist für mich unendlich tröstlich.

„… damit ihr nicht ermattet und mutlos werdet." Der Verfasser des Hebräerbriefes hat sein Schreiben in eine Zeit hineingeschrieben, in der die frühen Christengemeinden auf

vielfältige Weise angefochten waren und die anfängliche Begeisterung für den neuen Weg zu verdunsten drohte. Sie sollten sich keinesfalls durch Ermattung und Mutlosigkeit daran hindern lassen, ihre Berufung zur Entfaltung zu bringen und mit aller Kraft die frohe Botschaft in die Welt zu tragen. Es ist unvermeidbar, dass es im Leben Phasen gibt, in denen enttäuschte Hoffnungen, Verletzungen und bedrückende Erfahrungen schwer auf der Seele lasten und lähmen.

Ich habe nach meinen Exerzitien damit begonnen, meine meist sehr vollen Tage mehrmals durch kurze Pausen zu unterbrechen, innezuhalten und meinen Blick bewusst auf den zu richten, in dem die Liebe Gottes unsere Menschennatur angenommen hat. Wer sonst könnte mir Kraft geben als der, dessen tiefste Sehnsucht es ist, dass wir das Leben haben und es in Fülle haben (vgl. Johannes 10,10)?

Von der Jagd nach Leben

Philipp Meyer OSB

„Wir werden sie jagen […]. Und wir werden uns unser Volk und unser Land zurückholen." Dieser Satz ging viral. Der damalige Spitzenkandidat der AfD Alexander Gauland sprach ihn im Anschluss an die ersten Hochrechnungen bei der Bundestagswahl im September 2017 und der Aussicht, mit ca. 13 Prozentpunkten erstmalig mit seiner Partei in den Deutschen Bundestag einziehen zu können. Diese markanten Worte lösten bei nicht wenigen eine Gänsehaut aus – bei den einen, weil Sprech und Tonfall an düsterste Zeiten erinnern, bei den anderen, weil sie politische Träume erfüllt und eine neue Ära angebrochen sahen. Spätestens aber mit diesen Worten war klar, dass in der deutschen Politik, in der Zentrale unserer ach so wehrhaften Demokratie ein neuer Wind wehen und ein neuer „Stil" einziehen werden.

Auch mir ging dieser Satz so schnell nicht aus dem Kopf. Allerdings verband ich ihn noch mit einer ganz anderen Erinnerung. Denn in der Bibel werden ebenfalls oft markige, bisweilen sogar irritierende Worte und Beispiele einer oft so fremden Zeit, eines völlig anderen Erfahrungshorizontes dem Leser, der Beterin zur Auseinandersetzung zugemutet.

Als Benediktiner höre ich bei dem Wort „jagen" nämlich sofort den Prolog unserer Ordensregel anklingen, in welchem der heilige Benedikt ein Wort aus Psalm 34 aufgreift und zitiert: *„Suche Frieden und jage ihm nach"* (Regula Benedicti Prol 17; Psalm 34,15). Und natürlich war ich beim ersten Lesen, beim ersten Hören und Reflektieren seinerzeit im Noviziatsunterricht irritiert von dieser Stelle: dem Frieden nachjagen. Den Frieden anstreben – ja; ersehnen – natürlich; all sein Streben daraufhin ausrichten – keine Frage. Aber ihm nachjagen?

Bei diesen oder anderen irritierenden Beispielen muss man, wie gesagt, den Kontext im Blick haben. Vielleicht hat gerade der Beter dieses Psalms seine Familie mit dem ernährt, was er erjagt hat. „So, wie ich die lebensnotwendige Nahrung jagen muss, um überleben zu können, so muss ich dem Frieden nachlaufen, seine Spuren lesen und sie verfolgen und ihn mit aller Kraft, Körper- und Seelenspannung erjagen und darf ihn nicht mehr aus meinen Händen lassen, wenn ich ihn ergriffen habe." Der Beter hat erkannt, was für den heiligen Benedikt und den monastisch-gemeinschaftlichen Kontext so essenziell ist:

> „Der Herr sucht in der Volksmenge […] einen Arbeiter für sich und sagt wieder: ‚Wer ist der Mensch, der das Leben liebt und gute Tage zu sehen wünscht?' Wenn du das hörst und antwortest: ‚Ich', dann sagt Gott zu dir: ‚Willst du wahres und unvergängliches Leben, bewahre deine Zunge vor Bösem und deine Lippen vor falscher Rede! Meide das Böse und tu das Gute; suche Frieden und jage ihm nach!' Wenn ihr das tut, blicken meine Augen auf euch, und meine Ohren hören auf eure Gebete; und noch bevor ihr zu mir ruft, sage ich euch: Seht, ich bin da.'" (Regula Benedicti Prol 15-18)

Hier, in diesem Kontext, wird klar, welches Fass der heilige Abt aufmacht und was er als die Grundlage des monastischen und, wie ich finde, jeder Form gemeinschaftlichen Lebens ansieht. Wer wahres, unvergängliches, gutes Leben ersehnt und wünscht, der sucht notwendigerweise auch nach Frieden mit sich, den Mitmenschen und Gott. Frieden, so ist dem heiligen Benedikt klar, kann, wenn er „erjagt" ist, nur fruchtbar werden und von Dauer sein, wenn er auch für alle zur Entfaltung kommt, wenn er Leben ermöglicht und nicht zerstört, wenn er in die Weite führt (vgl. Psalm 18,20) und Mauern überwinden hilft (vgl. Psalm 18,30) – also genau das Gegenteil von dem möglich werden lässt, was bisweilen das politische und gesellschaftliche Tagesgeschäft zu prägen scheint und die Risse und Spalten in der Gesellschaft nur vertieft und nicht überwindet.

Das Charisma des heiligen Benedikt jedenfalls war es, eine Vision für ein gemeinschaftliches Leben zu entwickeln und diese konkret verwirklichen zu können. Ihm ging es nicht darum, politische Desiderate oder fromme Postulate in eine Debatte einfließen zu lassen und als Diskussionsgrundlage zur Verfügung zu stellen. Benedikt hat für sich und durch seine besondere Berufung entdeckt, woher seine Kraft kommt, was ihn stärkt, und hat dies seinen Mönchen zur Verfügung gestellt. Sein Regelwerk hat gerade deswegen bis heute Relevanz weit über die monastischen Klausurmauern hinaus, weil es die Lebenswirklichkeit im Blick hat und keine philosophisch-theologische Theorie menschlichen Zusammenlebens ist.

Die „benediktinische Trias" vom *ora* und *labora* und *lege*, vom Gebet, von der Arbeit und vom Lesen, stellt für ihn die Lebensader des gemeinschaftlichen Lebens schlechthin dar.

Wer sich an diesen Grundsäulen orientiert, der hat die Quelle seiner Stärkung entdeckt und wird befähigt, daraus zu leben und sie auch anderen zugänglich zu machen.

Das Gebet (*ora*) stellt Benedikt als die wesentliche Aufgabe der klösterlichen Gemeinschaft heraus. Durch das gemeinschaftliche Gebet konstituiert sich die Gemeinschaft. Nur so gewinnt sie Klarheit über die gemeinsame Ziel- und Ausrichtung des Lebens. Im Gebet erfährt die Gemeinschaft die Vergewisserung, auf dem Weg zu sein und dem, den sie vor Augen hat, entgegenzugehen. Dabei meint das Gebet zuerst einmal das *Officium,* also das Amtsgebet der Kirche, im Kloster also das Chorgebet. Damit wohnt der klösterlichen Lebensform ein starkes pro-existentes Momentum inne. Die Nonnen, die Mönche, sie beten für die Kirche, für die Suchenden, für die Anliegen der Menschen. Das gemeinschaftliche Gebet verleiht den Vielen in der Welt über die konkreten Worte der Psalmen eine Stimme und bringt das Lob, die Angst, die Freude, die Sorgen, die Wut, die Resignation, den Hass, die Liebe, die Gleichgültigkeit oder die Sehnsucht vor Gott, also alles, was im Herzen des Menschen Realität ist. Ich bin überzeugt, dass auch deshalb so viele in den Kirchen und Klöstern „Kraftorte" erkennen, weil sie spüren, dass dort das einen Platz hat, was in der Jagd des Alltags so oft untergeht.

Die Arbeit (*labora*) bildet für den Mönch gleichsam die Füllmasse, die die Zeiten zwischen den Gebeten ausfüllt. Ein jeder soll mit der ihm eigenen Gabe der Gemeinschaft dienen dürfen. Der Abt und die entsprechenden Verantwortlichen haben die Aufgabe, diese Gaben zu heben und die Mönche zu ermutigen, sie für das Gesamt der Gemeinschaft und für das geistige und ökonomische Gedeihen des Klosters fruchtbar zu machen – vor allem natürlich durch das eigene Vorbild. Ich selbst kann für mich sagen, dass vieles, was ich heute für die Gemeinschaft und in der Gemeinschaft wirken darf, ohne die Gemeinschaft für mich nicht vorstellbar gewesen wäre. Ohne das Kloster hätte ich an mir die eine oder andere Gabe nie entdeckt. Dafür bin ich meinen Brüdern wirklich dankbar!

Grundsätzlich geht es aber weniger darum, individuelle Spitzenleistungen einzufordern oder selbst anzustreben. Vielmehr sollen sich die individuellen Gaben ergänzen, um die Gemeinschaft nach vorne zu bringen, im geistlichen Sinne. Das Postulat, dass einer des anderen Last mittragen möge (vgl. Galater 6,2), darf hier auch auf die Gaben umgelegt werden. Einer stärke den anderen mit seiner Kraft, mit seinem Charisma, mit seinen Gaben, um gemeinsam am Wachstum der Gemeinschaft teilhaben zu können, was immer ein qualitatives, also geistliches, und weniger ein quantitatives, also ökonomisches, Wachstum sein soll. Heute würde man salopp sagen: Nur gemeinsam sind wir stark. Nicht neidische Hetzjagd oder politische Meinungsmache stehen im Vordergrund, sondern es geht um die Freude am Wachstum der eigenen Person und der Mitbrüder. Nur so kann die Gemeinschaft wachsen – und zwar auf Gott hin!

Die geistliche Lesung (*lege*) ging bisher im sprichwörtlichen „ora et labora" etwas unter, hat aber einen genauso wichtigen Stellenwert wie die anderen beiden Säulen. Denn, wie ausgeführt, bildet das „ora" des benediktinischen Lebens das gemeinschaftliche Chorgebet ab; das „lege" bezieht sich mehr auf die persönliche Beziehungsarbeit zwischen dem Mönch und dem, der ihn ins Kloster berufen hat. Denn damit die Berufung stark bleibt, damit die Kraft zum gemeinschaftlichen Leben erhalten bleibt, braucht es die beständige Beschäftigung mit der allerersten Beziehungsebene: Der Suchende wendet sich dem Rufenden zu, der Sehnende der Quelle der Sehnsucht. Das Chorgebet kann noch so schön anmuten – es bleibt leer und hohl und wird zur Staffage, wenn die innere Beziehung zum Herrn nicht lebt. Und das gilt natürlich innerhalb wie außerhalb des Klosters und des klösterlichen Lebens.

Nie hätte ein Bonifatius sein Missionswerk leisten können, wenn er nicht überzeugt gewesen wäre von der Kraftquelle, die ihn angetrieben hat, die ihn Rückschläge hat wegstecken oder mit scheinbarer Erfolglosigkeit hat einen Umgang finden lassen. Er war, wie so viele vor und nach ihm, so sehr überzeugt von der Entdeckung seiner Kraftquelle, dass seine Glaubensstärke für viele zur Quelle des Glaubens werden konnte.

Die jesuanischen Gleichnisse vom Umgang mit den Talenten (vgl. bspw. Matthäus 25,14-30) sollen den lesenden Beter ermahnen, seine Gaben, Talente und Charismen zu erkennen, zu stärken und anzuwenden – denn dafür sind sie verliehen. Es ist ein Frevel, die Talente unter den Tisch fallen zu lassen. Nur aus dieser Perspektive ist auch die paulinische Charismenlehre zu verstehen.

Mir scheint, dass wir als Kirche heute diese so wichtige Idee der christlichen Lehre wieder nach vorne bringen müssen, wenn es denn wahr ist, dass wirklich jede und jeder etwas Unverwechselbares mitbekommen hat vom Herrn. Wenn dem nämlich so ist, kommen wir gar nicht umhin, einander zu stärken und dadurch Gemeinwohl, Gesellschaft und natürlich auch Gemeinschaft des Glaubens aufzubauen. Was würde sich in der Politik, in der Gesellschaft und auch in der Kirche ändern, wenn wir ernst nehmen würden, was Paulus erkannt und der Herr selbst gelehrt hat? Einer für alle und alle für einen ist dann kein Schlachtruf, sondern ein echtes Zeugnis des Glaubens. Es wird ernst genommen, dass der Herr wirkt, beruft und stärkt. Dies für die Menschen erfahrbar zu machen, ist die Aufgabe der Kirche, gerade dann, wenn die Politik nicht mehr nur das Gemeinwohl, sondern mehr das eigene parteipolitische Überleben im Blick hat. Dann braucht nicht gejagt werden, um den Gegner zu vernichten, dann wird vielmehr gestärkt werden, was mich durch den anderen ergänzt.

Die Aufgabe von uns Jüngerinnen und Jüngern heute, und dann natürlich auch von Politik und Gesellschaft, ist es, ernst zu nehmen, dass in jedem Menschen eine „Fachkraft" zu sehen ist. Der Fachkräftemangel unserer Tage besteht doch auch deswegen, weil unsere so stark individualisierte Epoche am Ende nur Gleichmacherei einfordert und umsetzt. Wir sind nicht gleich! Es ist nicht alles gleich! Wir sind von Gott geliebte und gewollte Individuen, hineingestellt in eine komplexe Zeit, um mit den je eigenen Gaben und Stärken zu helfen, die Komplexität zu bewältigen und für alle lebbar zu machen.

Wer mit einem solch wachen Blick auf sich selbst und die Mitmenschen durchs Leben geht, erkennt, wer und was Stärke verleiht. Wer bereit ist, den Blickwinkel Jesu einzunehmen, und sich traut, mit seinen Augen in unsere Zeit hineinzublicken, der entlarvt jedweden Aufruf zur Hetzjagd, welcher nicht die Stärke aus dem Glauben, sondern letztlich nur das Recht des Stärkeren proklamiert.

Aus eigener Erfahrung kann ich sagen, dass die Entdeckungsreise nach dem, der meine Stärke ist, bei allem Auf und Ab des Lebens das Größte ist und bleibt, was mir geschenkt worden ist. Auf dieser Reise dann noch die Erfahrung machen zu dürfen, dass der eigene Glaube, die eigene Gottesbeziehung abstrahlen kann und im eigenen Leben und im Leben der anderen Suchenden Wachstum ermöglicht, ist eine Erkenntnis und eine Kraftquelle zugleich, die immer wieder den Mut gibt, weiterzugehen auf dem Glaubensweg, um mehr und mehr den zu erkennen, von dem alle Stärke, Kraft und Freude ausgeht.

Dieser gewisse „Hunger"

Marienkloster der Trappistinnen auf der Insel Tautra im Trondheimfjord, Norwegen

Sister GilChrist Lavigne OCSO

Das säkuläre Leben in Norwegen ist schwer zu verstehen. 70 Prozent der Menschen gehören der Konfession der Norwegischen Kirche an, aber nur zwei Prozent von ihnen besuchen regelmäßig die Kirche. Für den Großteil ist die Kirche ein Ort der Tradition, an welchem sie die Riten des Übergangs durchlaufen: Taufe, Konfirmation, Heirat, Beerdigung. Darüber hinaus spielt die Kirche für sie keine große Rolle.

Vor diesem Hintergrund reiste der Bischof von Trondheim im Jahr 1996 zur Trappistinnenabtei Mississippi in Iowa, unserem Mutterhaus, um Schwestern zu finden, die ein kontemplatives Kloster in Mittelnorwegen gründen würden – in einer Region, in der es zu dieser Zeit kein einziges Kloster gab. Es gab ein Kloster im Norden des Landes und eines in Oslo, aber keines in der Gegend um Trondheim. Der Bischof war der Ansicht, dass seine Prälatur Trondheim eine geistliche Präsenz benötigte, nicht nur für die Menschen katholischen Glaubens, sondern für alle Menschen der Region. 1999 schickte die Trappistinnenabtei Mississippi deshalb acht von uns Schwestern auf die Insel Tautra im Trondheimfjord, wo wir zunächst in Bauernhäusern lebten.

Von Anfang an spürten wir diesen gewissen „Hunger" bei den Menschen. In der ersten Woche zum Beispiel machten wir einen Ausflug in die Stadt Trondheim, circa 90 Minuten von Tautra entfernt. Als wir dort auf der Straße unterwegs waren, parkte eine Frau ihr Auto, kam zu uns geeilt, schüttelte uns die Hand und fragte, ob wir die neuen Nonnen auf Tautra seien. Nachdem wir die Frage bejaht hatten, sagte sie: „Wir sind froh, dass Sie hierhergekommen sind! Wir glauben, Sie sind gut für unser Land."

Unser Kloster ist ein Zisterzienserkloster. Das bedeutet, dass wir keine apostolische Arbeit außerhalb des Klosters verrichten und unsere Hauptaufgabe darin besteht, siebenmal am Tag das Offizium zu beten und zu singen. Außerdem betreiben wir eine kleine Seifen- und Kosmetikmanufaktur, um unseren Lebensunterhalt zu bestreiten.

Im Jahr 2006 konnten wir dank der Hilfe des Bonifatiuswerkes ein neues Klostergebäude als dauerhaften Lebensort bauen, später dann einen Laden für den Verkauf unserer Produkte und noch später einen Krankenhaustrakt. Mittlerweile sind wir nun seit 24 Jahren hier. Als Zeuginnen eines Lebens, welches Gott gewidmet ist, spüren wir, dass unser Leben viele Menschen berührt hat. Wir sagen dies nicht nur wegen der vielen Touristen, die jedes Jahr kommen, um an unserer Liturgie teilzunehmen, sondern auch wegen bedeutender anderer Ereignisse. Wenn unser Bürgermeister zum Beispiel Mitglieder des Parlaments empfängt, die sich über das politische und soziale Leben in den Ortschaften informieren wollen, besteht er darauf, dass sie unser Kloster besuchen und mit einigen der Nonnen sprechen. Er möchte, dass sie wissen, dass es auch eine geistliche Präsenz gibt.

Unsere Kirche ist von vier Uhr morgens bis zwanzig Uhr abends geöffnet. Oft treffen wir dort Menschen an, die einfach nur in Stille sitzen. Dabei gibt es nur einen Katholiken in der ganzen Region. Dies zeigt eindeutig: Die Menschen brauchen einen ruhigen Ort, an welchem sie beten können. Zur Unterstützung bei unseren Arbeiten konnten wir ein Freiwilligenprogramm aufbauen. Engagierte Menschen aus unterschiedlichen Ländern und Hintergründen kommen zu uns, arbeiten mit uns und teilen für eine Zeit unser Leben. Viele von ihnen finden Gott oder entdecken ihn so in ihrem Leben wieder. Zwei von ihnen haben sich in unserer Kirche taufen lassen. Im Laufe der Jahre haben wir durch unsere Präsenz vor Ort auch zur Norwegischen Kirche eine enge Beziehung aufbauen können. Der lutherische Bischof der Nidaros-Kathedrale in Trondheim besucht uns jedes Jahr zur Weihnachtszeit, was immer wieder eine Gelegenheit zum intensiven Austausch ist.

Was aber bei all dem am meisten zählt: das Geschenk, eine monastische Gebetsgemeinschaft in einem Land zu sein, das von allen Dingen dieses am meisten braucht.

(Aus dem Englischen von Laura Dreier)

Dieses Projekt wird gefördert vom Bonifatiuswerk, insbesondere über die Bauhilfe.

„Ick bün all hier" –
von der Hoffnungslosigkeit
und der Stärke

Andrea Schwarz

Zu dem Motto „Entdecke, wer dich stärkt" fiel mir interessanterweise das Märchen vom Hasen und vom Igel ein, das die Brüder Grimm überliefern. Vielleicht kennen Sie die Geschichte? Eines Morgens begegnet der etwas arrogante Hase einem Igel und macht sich über dessen krumme Beine lustig. Daraufhin schlägt ihm der Igel einen Wettlauf vor – und natürlich geht der Hase siegessicher auf diese Herausforderung ein. Aber der Igel ist schlau: Er gibt seiner Frau die Anweisung, am anderen Ende des Ackers in einer Furche zu warten, und wenn der Hase kommt, sich zu zeigen und einfach zu sagen: „Ick bün all hier", also: Ich bin schon da. Er selbst aber lässt den Hasen losrennen und duckt sich bis zu dessen Rückkehr in die Ackerfurche hinein, um sich dann ganz cool zu zeigen: „Ick bün all hier." Der Hase fällt auf diesen Trick herein, kann es nicht glauben – und rennt zwischen den beiden Igeln, die immer kurz vor ihm auftauchen: „Ick bün all hier", so lange hin und her, bis er schließlich vor lauter Erschöpfung stirbt.

Wie ich auf diese Geschichte komme? Vielleicht deshalb: Die Hoffnungslosigkeit mag etwas von dem Hasen an sich haben, der hin und her läuft – und sich nicht die Zeit nimmt, die Sache einmal genauer anzuschauen oder darüber nachzudenken. Die Stärke hingegen sitzt ganz einfach am Ende des Ackers und ist schon längst da.

Es mag gut sein, dass mich das Wort „entdecken" auf diese Spur gelenkt hat. In der deutschen Sprache steht die Vorsilbe „ent-" meistens für „etwas wegnehmen". Wer sich entkleidet, zieht seine Kleidung aus, wer enttarnt wird, dem wird die Tarnung weggenommen. Wenn ich enttäuscht werde, muss ich Abschied von meinen Täuschungen nehmen, und wer sein Haus entrümpelt, trennt sich von dem ganzen Gerümpel, was sich angesammelt haben mag. „Ent-decken" heißt also, dass etwas schon längst da ist, ich es aber nicht sehen kann, weil eine „Decke" darüber liegt. Die Tatsache, dass die Europäer vor Christoph Kolumbus nichts von Amerika wussten, sagt ja nichts über die Existenz dieses Kontinentes aus. Aus Sicht der Europäer wurde damit die Decke weggenommen, also Amerika „ent-deckt" – aber es war schon längst da – so wie die beiden Igel jeweils am Ende des Ackers.

Möglicherweise ist es mit dem, wer und was uns stärkt, genauso – es existiert, es ist da, wir sehen es oft nur nicht. Vielleicht weil die Hoffnungslosigkeit uns die Augen verschließt? Weil es der Krisen zu viel sind? Weil wir gebannt auf das schauen, was nicht ist – statt auf das, was bereits ist? Vielleicht hilft es, einfach mal die „Decke" wegzunehmen und zu schauen, was darunter ist, was wir manchmal eventuell vor lauter Herumgerenne gar nicht mehr sehen und wahrnehmen.

Zunächst einmal: Um Entdeckungen machen zu können, brauche ich Zeit. Es muss nicht viel sein, es muss auch nicht extra als Termin im Kalender stehen, manchmal reicht schon ein Moment des Innehaltens und Um-sich-Schauens, um etwas wahrzunehmen, zu hören, zu riechen, was mich lächeln oder staunen lässt und aus dem Hamsterrad meines Alltags herausholt. Als ich vorhin die Mülltonne an die Straße stellte, hörte ich plötzlich das Rufen von Wildgänsen und suchte den Himmel ab. Und dann sah ich sie, eine Gruppe von circa dreißig Vögeln, in fast perfekter V-Formation auf dem Weg nach Süden. Und auch als ich schon wieder am Schreibtisch saß, hatte ich das Bild noch vor Augen und meine Gedanken begleiteten die Gänse auf ihrem Weg.

Ein solcher Anlass, innezuhalten, kann aber auch der helle Stern sein, der am Abendhimmel steht, der unverhoffte Regenbogen, die Sturmbö, die mich ihre Kraft spüren lässt, das Eichhörnchen, das sich clever den ganzen Meisenknödel schnappt und mitnimmt. Oder auch das kleine Hornveilchen, das sich letztes Jahr im November in einer Ritze unserer Terrasse zum Blühen entschlossen hatte. Und wenn ich die Augen aufmache und achtsam dafür bin, mir dafür einen Augenblick lang Zeit nehme, dann kann und werde ich so etwas auch sehen ...

Ach übrigens, das, was mich stärkt, sind oft keine großen Dinge. Manche denken, es müsse unbedingt der dreiwöchige Urlaub sein oder das ausgewählte Drei-Gänge-Menü im Luxusrestaurant. Und so verschiebt man das, was einen stärken soll, auf die Urlaubswochen oder auf einen ganz besonderen Tag oder auf ein Event, wenn am Ende des Monats vielleicht doch ein bisschen Geld übrig geblieben sein sollte. Aber dann kommt die Nebenkostenabrechnung mit einer entsprechend hohen Nachzahlung ins Haus geflattert oder man wird plötzlich krank – und alle Pläne werden grad wieder durchkreuzt. Das, was mich stärkt, muss im Alltag seinen Platz haben und verortet sein. Das spricht nicht gegen den Urlaub an der Nordsee und das leckere Abendessen im trendigen Lokal; wer es sich zeitlich und finanziell leisten kann, dem sei es von Herzen gegönnt. Es mag ja auch durchaus Einzelne stärken und ihnen frische Kraft geben … aber auf Dauer durchtragen kann es wahrscheinlich nicht. Manche verbinden mit Stärkung nur den großen dicken Goldklumpen und dementsprechend sind dann auch ihre Erwartungen. Was aber, wenn es den Goldklumpen nicht gibt? Dann suche ich eben den Goldstaub. Heute war es zum Beispiel eine überraschend freundliche Mail von dem Mitarbeiter eines Kundenservice, der mir sehr kompetent und hilfsbereit weitergeholfen hat. Im Supermarkt gab es meine Lieblingsschokolade, die mir normalerweise etwas zu teuer ist, im Sonderangebot, und das Päckchen mit dem bestellten Käse aus einer Meierei auf einer Nordseeinsel, die von einer Initiative engagierter junger Leute betrieben wird, erwies sich als eine kleine Schatzkiste – liebevoll und professionell zugleich zusammengestellt und verpackt. Das sind alles keine großen Dinge – und doch tun sie mir in der Seele gut! Deshalb – den Blickwinkel und die Perspektive ändern! Auch scheinbare Kleinigkeiten können in der Summe ein größeres Ganzes ergeben!

Zuweilen wird mir erst bewusst, wie wichtig und tragend manches ist, wenn es wegfällt. Gerade in Coronazeiten, als viele Selbstverständlichkeiten plötzlich nicht mehr selbstverständlich waren, war das sehr deutlich. Oft ist es gar nicht das Außerordentliche und Andere, was mich stärkt, sondern das eigentlich ganz Normale, das, worauf ich mich verlassen kann, womit ich mich auskenne. Das Neue und Ungewohnte dagegen fordert zusätzlich Kraft. Mein Lieblings-Supermarkt hat grad umgebaut – und jetzt dauert Einkaufen viel länger, weil ich so viel suchen muss. Zehn Jahre lang konnte ich meinen Einkaufszettel schon in der Reihenfolge schreiben, in der ich die Gänge ablaufe – und wusste, die Molkereiprodukte kommen vor der Wurst, der Bio-Joghurt steht eben nicht bei den anderen Joghurts, sondern bei „Bio", und die Reiswaffeln sind in diesem Regal auf dem dritten Brett von oben. Gestärkt daran hat mich, dass ich nicht groß nachdenken musste, weil es irgendwie in mir abgespeichert war. Bevor ich falsch verstanden werde: Ich bin nicht gegen das Neue und Andere – und auch jetzt mache ich in meinem Supermarkt überraschende Entdeckungen und finde Dinge, die wahrscheinlich schon immer im Sortiment waren, mir aber noch nie aufgefallen sind. Aber es kann Kraft kosten, sich mit dem Ungewohnten anzufreunden, sich daran zu gewöhnen.

Oder, wenn man es einmal andersherum dreht: Rituale, also etwas Gleichbleibendes, eine Art automatisiertes Handeln können durchaus Kraft geben! – Sie sollten allerdings inhaltlich gefüllt sein, denn leere Rituale können nicht tragen. – Man weiß, woran man ist, muss sich nicht erst groß orientieren, es ist klar, was zu tun ist. Sehr deutlich wird dies in einer Situation, in der auf extreme Weise alles auf den Kopf gestellt wird: dem Tod. Hier im Emsland, wo ich wohne, sind die Menschen noch ziemlich volkskirchlich katholisch. Bestattungen laufen in der Regel sehr traditionell und „klassisch" ab – und natürlich trägt man Schwarz, wenn man auf den Friedhof geht. Da muss man gar nicht erst groß drüber nachdenken. In Viernheim, also im Einzugsbereich von Mannheim, wo ich lange gelebt habe, war das anders. Da konnte man immer wieder mal in einer Todesanzeige lesen „Trauerkleidung ist nicht erwünscht".

Okay ... kann man ja machen. Aber jetzt wird es schwierig: Ist Dunkelblau zu dunkel? Die rote Jacke vielleicht doch zu knallig? Und Weiß – geht Weiß? Jetzt muss ich nachdenken, was ich anziehe. Und das kann anstrengend und mühsam sein. Auch bei den Bestattungen, die ich in der Zeit geleitet habe, hatte ich immer ein Gerüst von feststehenden, traditionellen Elementen, die ich dann mit zwei oder drei individuell gestalteten Impulsen und der Ansprache verbunden habe. Die Teilnehmenden erkannten den Ablauf wieder, konnten sich orientieren – und das gab in einer belastenden Situation Sicherheit. Wenn ich jedes Mal alles neu erfinden muss, dann kostet es Kraft. Daher sollten scheinbare Selbstverständlichkeiten und Normalität nicht gering geschätzt werden ... und man kann durchaus dankbar dafür sein, wenn im Supermarkt die Regale mit Toilettenpapier, Nudeln und Sonnenblumenöl gefüllt sind – und man morgens im eigenen Bett und eben nicht im Krankenhaus aufwacht.

Für viele gehören Freunde und Familie fraglos zum Alltag dazu. Und auch wenn sie, zugegeben, manchmal anstrengend sein können und gelegentlich nerven, stehen sie meistens doch für Stärken, die einfach da sind. Na ja, mit einer Einschränkung: solange ihre Zuwendung und Freundschaft nicht an Bedingungen geknüpft wird. „Ich liebe dich nur, wenn ...!" – das gibt keine Kraft, sondern raubt sie eher, weil ich nicht so angenommen werde, wie ich bin. Aber dort, wo man wirklich den anderen meint, weiß man auch, dass man sich aufeinander verlassen kann. Allein sich das bewusst zu machen, kann schon wieder Kraft und Sicherheit geben. Aber auch hier: Viele machen es sich zu wenig bewusst – und damit legt sich wieder die Decke über das, was einen stärken könnte.

Entdecken, was und wer mich stärkt, das ist weniger ein „Tun" als vielmehr eine gewisse Art zu „sein". Da sind Haltungen gefragt, die mir einen Zugang zu diesen Kraftquellen eröffnen. Achtsam sein gehört sicherlich dazu, also auf etwas zu achten, mich und meine Umgebung wahrzunehmen und nicht stumpf an mir vorbeiziehen zu lassen. Dazu hilft es, wach zu sein – und manchmal vielleicht auch ein wenig neugierig. Dann kann man manches, was irgendwie selbstverständlich ist und immer dazugehört, durchaus als etwas Besonderes wahrnehmen und dafür dankbar sein. Von den Kindern könnten wir das Staunen wieder lernen – eine Garantie für tagtäglich neue und überraschende Entdeckungen.

Oder noch einmal anders gesagt: Wer sich nicht mehr wundern kann, für den geschehen auch keine Wunder. Für solche Haltungen aber muss ich mich entscheiden, sie vielleicht sogar immer wieder einüben. Der Hase im Märchen war nur noch darauf fixiert, die Wette zu gewinnen und der Schnellere zu sein, er hatte nur dieses Ziel vor Augen und hat nicht mehr nach links und rechts geschaut. Das kann auch mit der Hoffnungslosigkeit so gehen, die sich dann spiralförmig immer mehr und weiter in die Ohnmacht und das Dunkel dreht und schließlich keinen Ausweg mehr sieht. Und die Stärke wird von der Hoffnungslosigkeit nicht wahrgenommen und genutzt, weil die viel zu sehr damit beschäftigt ist, hin und her zu rennen. Die Stärke ist einfach da.

Eine Stärke, die einfach da ist … das trifft auch auf Gott zu. In der Einheitsübersetzung von 1980 wird der Name, mit dem sich Gott dem Mose in der Begegnung am brennenden Dornbusch offenbart, übersetzt mit *„Ich bin der Ich-bin-da"* (Exodus 3,14). In Jesus Christus begegnet er uns Menschen auf Augenhöhe – und sein Heiliger Geist durchweht die Welt. Er ist da – und will gefunden werden. Und das geschieht eben nicht nur an einem bestimmten Ort oder zu einer vorgegebenen Zeit, sondern mitten im Alltag. Dort will er sich finden lassen, jeden Tag, jede Stunde, mitten in all den kleinen Dingen, die uns oft so beschäftigen und besetzt halten.

Die Mystiker – Menschen, die Gott besonders nahe waren –, haben das schon immer gewusst: Teresa von Avila fand Gott zwischen den Kochtöpfen und Meister Eckhart fand ihn im Stall. Und Ignatius von Loyola sprach davon, Gott in allem zu suchen und zu finden. Warum Gott also nicht zwischen Heftpflaster und Terminkalender, Strafzettel und Kochrezepten entdecken? Man muss nur auf die Idee kommen, ihn da zu suchen beziehungsweise sich von den Dingen an ihn erinnern zu lassen. Diese Erfahrung haben die Menschen schon zu allen Zeiten gemacht. Als Gott Jakob in Bet-El im Traum erschien, ihm das Land verhieß und die Zusage gab, dass er, Gott, bei ihm sein würde, sagte jener, als er aus seinem Schlaf erwachte: *„Wirklich, der HERR ist an diesem Ort und ich wusste es nicht"* (Genesis 28,16). Menschen haben immer wieder die Stärke Gottes erfahren, in den Liedern der Psalmen werden sie besungen, die Propheten künden davon: *„Denn meine Stärke und mein Lied ist Gott, der HERR"* (Jesaja 12,2). Aus dieser Kraft heraus haben die Apostel sich damals auf den Weg gemacht und sind Christen den Märtyrertod gestorben.

Und bis in die heutigen Tage ist Gott für viele Menschen die Quelle und der Ursprung ihres Engagements für Menschen in Not. So wird von Mutter Teresa von Kalkutta die folgende Geschichte überliefert: Auf die ausgesprochen dumme und unverschämte Frage eines Journalisten, wie sie es denn verantworten könne, jeden Morgen an der Heiligen Messe teilzunehmen, denn während dieser kostbaren Zeit könne sie doch einige Sterbende mehr begleiten auf den Straßen von Kalkutta, hat sie einmal eine beeindruckende Antwort gegeben, indem sie entgegnete, wenn sie am Morgen Christus in der Eucharistie nicht begegnen könne, dann sähe sie sich außerstande, am Tag auch nur einen einzigen sterbenden Menschen begleiten zu können.[3]

Gottesdienst, Kirchen, Eucharistie, Bibel, Gebet können Möglichkeiten sein, sich von Gott stärken zu lassen. Aber die Stärkungen Gottes allein darauf zu reduzieren, würde zu kurz greifen. Der Hunderteuroschein des Glaubens will und muss sozusagen in das Kleingeld des Alltags umgewechselt werden. Und wenn ich meinen Blickwinkel entsprechend ändere, nicht nur auf das Große und meine eigene vermeintliche Kraft fixiert bin, sondern mit Achtsamkeit und Dankbarkeit auf die kleinen Stärke-Tankstellen meines Lebens schaue, dann kann und werde ich sie auch ent-decken. Ich muss eben nur die Decke wegziehen …

Und das Märchen vom Hasen und vom Igel? Na ja, für den Hasen geht es nicht gut aus. Er war so von sich selbst überzeugt, dass ihn dies blind für die Wirklichkeit gemacht hat. Der Igel war einfach schlauer. Auch die Hoffnungslosigkeit schafft es oft nicht, einmal über den Tellerrand hinauszuschauen. Und vielleicht könnte das auch für uns die Botschaft sein: nicht hektisch hin und her rennen, sondern innehalten, mich orientieren, überlegen – und dem, was und wer mich stärken will, einfach eine Chance geben. Denn all das

---

3   Zitiert nach: Kurt Koch, Zwischenrufe – Plädoyer für ein unzeitgemäßes Christentum, Christophorus Verlag, 1987.

ist schon längst da und wartet nur darauf, dass ich die Decke wegziehe.

Und für den Fall, dass Sie mit Blick auf das Märchen irgendwelche moralischen Bedenken haben sollten, so in dem Sinn von „der Igel hat aber getrickst!" – ja, das hat die Hoffnung als Gegenspielerin zur Hoffnungslosigkeit manchmal so an sich. Fulbert Steffensky, evangelischer Theologe, sagt es so:

„Aber wir können tun, als hofften wir. Hoffen lernt man auch dadurch, dass man handelt, als sei Rettung möglich. Hoffnung garantiert keinen guten Ausgang der Dinge. Hoffen heißt darauf vertrauen, dass es sinnvoll ist, was wir tun. Hoffnung ist der Widerstand gegen Resignation, Mutlosigkeit und Zynismus. Die Hoffnung kann lesen. Sie vermutet in den kleinen Vorzeichen das ganze Gelingen. Sie stellt nicht nur fest, was ist. Sie ist eine wundervolle untreue Buchhalterin, die die Bilanzen fälscht und einen guten Ausgang des Lebens behauptet, wo dieser noch nicht abzusehen ist. Sie ist vielleicht die stärkste der Tugenden, weil in ihr die Liebe wohnt, die nichts aufgibt, und der Glaube, der den Tag schon in der Morgenröte sieht."[4]

Der Glaube, der den Tag schon in der Morgenröte sieht …
und mag sein, das da einer am Ufer des Sees steht und einfach sagt: „Ich bin schon längst da" – „Ick bün all hier!"

---

4   Fulbert Steffensky, aus einem Vortrag gehalten am 8. Juli 2017 im Jungen Studio des Theater Lübeck. Unveröffentlichtes Manuskript, S. 8f.

Sankt Cuthbert und das Geheimnis des Fischotters

Aktionstag „Tiere der Bibel" im Engagement für Schöpfung und Geschöpfe

Matthias Micheel

Mein Lieblingstier ist der Fischotter. Schon seit Kindertagen. Warum, das kann ich gar nicht so genau sagen. Vielleicht, weil mein großes Vorbild als Jugendlicher der legendäre Tierfilmer Heinz Sielmann (1917–2006) war, der ebenfalls die Otter liebte. Vor vielen Jahren durfte ich Sielmann einmal für das „Bonifatiusblatt" interviewen: *Zur Ehre Gottes und seiner Natur* – so lautete die Überschrift des Beitrags.[5] Und es ging darum, was im Leben trägt und reich macht. Für Sielmann war es das Wunder der Schöpfung. Aber er wusste auch, dass man angesichts dieser Schönheit nur staunen kann und dass es dahinter noch „mehr als alles" gibt, dem sich das Naturschöne verdankt. Ich fühlte mich Sielmann sehr verbunden. Er drückte etwas aus von dem, was mich selbst seit der Schulzeit beschäftigt hatte: Ist es nicht wunderbar, dass es diese Welt gibt? Ist es nicht faszinierend zu existieren – *zu sein?*

---

5   Zuletzt publiziert in: Georg Austen, Frank Brandstätter, Matthias Micheel: Was für ein Gewimmel. Die Tiere der Bibel für Kinder. Kevelaer: Butzon und Bercker, 2. Aufl., 2017, S. 180-182.

„Warum gibt es überhaupt etwas, und nicht nichts?" – Das ist die Frage, die Leibniz der Philosophie stellte und damit allen Menschen.

Haben Sie einmal einen Fischotter „live" erlebt? Im letzten Sommer habe ich in einem großartigen Freigehege in Tönning an der Nordsee zwei Otter durch eine Glaswand unter Wasser beobachtet. Das ist ein unglaubliches Gefühl, diese Tiere in ihrem eigentlichen Element zu sehen. Auf Facebook habe ich in einem anderen, aber ähnlichen Zusammenhang gelesen: „Wer in dieser Schönheit nicht die Schöpferkraft Gottes erkennt, der tut mir leid." So provokativ muss man das vielleicht nicht sagen. Aber warum sollte diese Schönheit nur Zufall sein? Jesus ging wie ein staunendes Kind durch die Natur, er liebte die Vögel des Himmels und die Lilien des Feldes. Das jedenfalls ist gewiss. Und genauso gewiss ist, dass ein paar Jahrhunderte später der heilige Franziskus (1181/1182–1226) den Vögeln predigte. Oder denken Sie an den heiligen Cuthbert von Lindisfarne (634–687), der mit Seevögeln und Meerestieren lebte und einer der beliebtesten Heiligen Englands ist – bis heute. Oft wird er mit einem Fischotter dargestellt. Der Legende nach stieg Cuthbert nämlich nachts bis an den Hals ins eisige Nordseewasser, um zu beten, und er wurde danach von zwei Fischottern abgetrocknet. 676 ging er als Einsiedler auf ein winziges Eiland. Er war so beliebt, dass ständig Pilger kamen. Und um die dort brütenden Eiderenten vor dem Ansturm zu schützen, hielt er strenge Regeln fest. Cuthbert schuf das erste Naturschutzgesetz der Menschheit! Ihm zu Ehren heißen die Eiderenten in Nordengland immer noch *Cuddy's Ducks* – Cuthberts Enten. Eiderenten und Fischotter – Botschafter der Schönheit Gottes und der

Schönheit dieser Welt. Und Cuthbert? Ein Hüter und Bewahrer dieser Schönheit.

Vor solchen Hintergründen sehe ich den Einsatz des Bonifatiuswerkes für die Bewahrung der Schöpfung, ganz im Sinn von *Laudato si'* und *Laudate Deum* von Papst Franziskus. Aktionen wie *Tiere der Bibel*[6] machen deutlich: Auch wir können an jedem Tag und immer wieder neu staunen über das Schöne, das uns draußen – im Garten, im Wald, am Meer, im Zoo – begegnet. Wir sind Teil eines gigantischen Geheimnisses! Aber wir Erwachsenen sind für diese Schönheit oft blind. Wir wachsen aus den „philosophischen" Fragen heraus und finden die Schönheit der Welt völlig „normal" und manchmal sogar langweilig. Natürlich darf man nicht naiv sein und die Natur zu einer Art Ersatzreligion stilisieren. Das überfordert sie und uns und negiert ihre Grausamkeit und die Tatsache, dass alles Leben enden wird. Auch die Erde selbst wird verbrennen, weil sie ins Feuer der ebenfalls sterbenden Sonne stürzt. Das ist Realität und weit mehr als einfach nur ein „unendlicher Spaß". Aber was mich persönlich trägt, ist die Hoffnung, dass die Schönheit der Welt nicht ein falsches Versprechen ist, sondern dass in Gott alles schön und heil sein wird. Dass das letzte Wort Gottes in der Bibel für alles, was ist, sein wird: *„Seht, ich mache alles neu"* (Offenbarung 21,6).

„Seht, ich mache alles neu" – mich, den Autor dieser Zeilen, und dich und unsere Nachbarn und alles Sein. Auch mein Lieblingstier, den Fischotter.

---

6   Vgl. Matthias Micheel, Julian Heese: Was für ein Gewimmel. Wie alles begann und wie es sich weiterentwickelt hat. Vgl. Anm. 5, a.a.O., 3. Aufl., 2023, S. 168-172.

Das geschärfte Eisen

Martin Schleske

Es gibt viele wunderbare Arbeitsgänge im Geigenbau. Sie alle wahren ihr eigenes Geheimnis. Eine dieser Arbeiten möchte ich beschreiben, denn sie hat mir eine Wahrheit der Seele nähergebracht. Sie kann uns auf der Suche nach den inneren Dingen, die uns stärken, ein Beispiel sein.

Vor vielen Jahren, an einem kalten Wintertag, stach ich aus einem tief geflammten bosnischen Ahornholz die Bodenwölbung für ein neu entstehendes Cello heraus. Das Abstecheisen hatte ich mir vor Jahren im Stubaital schmieden lassen. Den langen Holzgriff hat ein alter Meister gedrechselt. Diese Griffe mit ihrem kugelförmigen Ende haben eine lange Tradition. Die Kugel berührt die Bauchmuskulatur; so führt man das Eisen mit den Händen, aber der Bauch gibt dem Werkzeug die nötige Kraft und schiebt es mit jedem Stich durch das harte Holz. Das Ausstechen und Abstechen eines Cellobodens ist mit der bloßen Muskelkraft der Arme kaum zu bewältigen. Sie würden zu schnell ermüden.

An diesem Tag war es anstrengender als sonst. Ich hatte wohl drei Stunden gearbeitet. Der Schweiß lief mir von der Stirn und ich dachte: „Es ist diesmal ein ganz besonders hartes Holz. So anstrengend war es selten!" Aber dann kam mir ein zweiter Gedanke: „Vielleicht liegt es gar nicht am Holz. Die Schneide wird nicht mehr ganz scharf sein."

Ein Eisen zu schärfen, ist eine eigene Kunst. Es erfordert Sorgfalt und Geduld. Zuerst wird mit der Sichtschleifmaschine die Fase grob angeschliffen. Das ist die Kante der Schneide. Dann kommen der Abziehstein und das fließende Wasser ins Spiel. Man spürt am Widerstand und am Geräusch, ob man die Schneide richtig gepackt hat. So wird der Schleifgrat entfernt und beide Seiten bekommen einen feinen Schliff.

Ich prüfte die Schneide und merkte, dass sie stumpfer war, als ich gedacht hatte. Dennoch machte ich weiter. Es wäre richtig gewesen, das Eisen zu schärfen, aber ich wollte die Arbeit nicht unterbrechen. Es dauert lange, ein Eisen gut zu schärfen, und diese Unterbrechung stört den Arbeitsfluss. So redete ich mir ein: „Es reicht schon noch."

Dieser Moment war wie ein innerer Blitzeinschlag. Es war, als würde Gott mir unmittelbar ins Herz sprechen und die einfache Frage stellen: „Was hast du da gerade gesagt?"

Ich war erschrocken und wiederholte halblaut den Satz: „Es reicht schon noch."

Was ich dann spürte, war eine unermessliche Traurigkeit – als würde der ganze Himmel sagen: „Wie oft höre ich diesen Satz von euch! Ich möchte euch schärfen, aber ihr sagt: ‚Es reicht schon noch!'"

Das alles war mehr als nur ein inneres Hören. Es war, als ob Gott mich auf eine erschütternde Weise etwas von seinem Innersten spüren ließ. Die Botschaft schien direkt aus seinem Herzen zu kommen. Der Satz „Es reicht schon noch" ist ein Herzensgedanke des Menschen. Wir spüren unsere Abgestumpftheit, aber anstatt uns schärfen zu lassen, sprechen wir uns diesen fatalen Satz ins Herz.

In den Tagen danach las ich intensiv in der Heiligen Schrift und war erstaunt festzustellen, dass Jahrtausende zuvor jemand offenbar das Gleiche erlebt haben musste – den gleichen prophetischen Moment. Denn ich entdeckte, dass im Buch Kohelet[7] ganz ähnliche Worte geschrieben stehen. Im zehnten Kapitel sagt dieses nüchterne alttestamentliche Weisheitsbuch: *„Wenn ein Eisen stumpf wird und an der Schneide ungeschliffen bleibt, muss man mit ganzer Kraft arbeiten. Aber die Weisheit bringt die Dinge in Ordnung.“*[8]

Der Epheserbrief des Neuen Testamentes sagt etwas Ähnliches: Da heißt es von Menschen, sie haben sich ihrem Leben entfremdet und sind durch den verwahrlosten Zustand ihres Herzens „abgestumpft“[9].

Ich habe, als dies damals geschah und all die Jahre danach, viel darüber nachgedacht. Es war wie ein sonderbares Anteilnehmen an einem Schmerz Gottes. Aus ihm heraus entstand das folgende Gleichnis vom geschärften Eisen.

Wenn ich sage, dass Gott in jenem Augenblick zu mir „gesprochen“ habe, möchte ich einem möglichen Missverständnis entgegenwirken. Dass es uns möglich ist, die Stimme Gottes zu hören, ist kein exklusives Recht einzelner Menschen, sondern es ist eine jedem Menschen innewohnende Fähigkeit des Herzens, die wir entdecken und zulassen können und die durch Übung und Liebe in uns reifen kann. Was Gott sagt, entspricht der Liebe, deshalb wird nur das liebende Herz die Wahrhaftigkeit haben, etwas von der Wahrheit

---

7   Das Buch Kohelet, was so viel wie „Sammler“ heißt, ist eine Sammlung von Weisheitstexten. Bisweilen wird es auch das Buch Prediger genannt.

8   Kohelet 10,10.

9   Epheser 4,19.

Gottes zu vernehmen. Darum wäre es gewiss sinnvoll, nicht nur vom „Priestertum aller Getauften", sondern ebenso vom „Prophetentum aller Liebenden" zu sprechen. Es ist, wie eine mütterliche Freundin mir einmal sagte: „Wenn du in der Liebe bist, wird alles zu dir sprechen."

DAS STUMPFE HERZ

Wenn ich dieses Erlebnis aus der Werkstatt mit den Augen des Herzens sehe, werden mir mehrere Dinge des inneren Lebens deutlich. Das eine: Es kostet ungeheure Kraft und ermüdet unsere Seele, wenn wir mit einem abgestumpften Herzen leben – einem Herzen, das durch Enttäuschungen, Resignation, Bitterkeit oder Sorgen stumpf geworden ist. Wir sagen dann: „Die Beziehungen, die Arbeit, die Pflichten – es ist alles so schwer und anstrengend geworden!" In Wahrheit ist das Herz stumpf geworden – wie das Buch Kohelet sagt: *„Wenn ein Eisen stumpf wird und an der Schneide ungeschliffen bleibt, muss man mit ganzer Kraft arbeiten."* Die Anstrengung kommt aus der Verwahrlosung des Herzens, sie kommt aus der Stumpfheit des Werkzeugs, mit dem wir diese Welt berühren.

Aber es geschieht noch etwas Zweites, etwas Tragisches, wenn man mit einem stumpfen Werkzeug arbeitet: Man verliert das Gefühl für das Holz. Jedes Holz hat seinen eigenen Faserverlauf, seine Markstrahlen, seinen Drehwuchs, seine Abhölzigkeiten, seine Eigenheiten und Möglichkeiten, seine Verheißungen und Besonderheiten.

Die Markstrahlen sind die radial zwischen der Markröhre des Stammes und dem lebendigen Kambium verlaufenden

Zellen. Man nennt sie auch den „Spiegel". Sie geben der Geigenwölbung in Querrichtung ihre Festigkeit und verleihen der Faser unter der Lackierung eine leuchtende Schönheit. Unter Abhölzigkeit versteht man einen ungünstig verdrehten Faserverlauf.

Auf all dies einzugehen, ist die eigentliche Kunst des Geigenbaus. Mit einem stumpfen Eisen verliere ich mehr und mehr das Gefühl für das Holz. Es entsteht dann keine stimmige Wölbung, nichts, was dem Holz entspricht. Solch ein Instrument wird am Ende nicht klingen. Nur mit einem scharfen Werkzeug beginnt das Holz schon während der Arbeit, sich mir mit jedem Stich in seinen Eigenschaften zu erkennen zu geben. Es entsteht – je nach Faserverlauf – ein zischender oder rauer Ton. Diesen muss ich hören und entsprechend in der Ausarbeitung und der Wölbung beherzigen. Das Holz hat sein Mitspracherecht, doch nur mit einem scharfen Werkzeug kann ich es hören.

Auch diese Erfahrung gleicht einem inneren Gesetz des Lebens. Mit einem stumpfen Herzen verlieren wir das Gefühl für das, was mit uns und um uns geschieht. Unser Herz ist ein Empfangsorgan, mit dem wir deuten, was uns gesagt werden soll, und gestalten, was durch uns geschehen soll. Mit einem stumpfen Herzen empfangen wir nichts. So, wie ein Geigenbauer mit einem stumpfen Werkzeug das Gefühl für das Holz verliert, verlieren wir das Gefühl dafür, ob das, was wir tun, eigentlich stimmig ist. Wir vernachlässigen die Dinge, denen wir uns zuwenden sollen, und übertreiben, was wir in Ruhe lassen sollen. Vor allem aber verlieren wir das Gefühl für die Verheißung des Augenblicks, sind nicht geistesgegenwärtig, nicht präsent, und so arbeiten wir, ohne es zu merken, gegen die Fasern des Lebens an. Solch ein Leben kann nicht klingen.

Es ist nicht zu vermeiden, dass wir die Härten dieser Welt zu spüren bekommen und daran stumpf werden. Wir stoßen uns an Misserfolgen und Enttäuschungen. Wir erleben, dass Menschen und Umstände uns verletzen. An manchen Widrigkeiten und Problemen arbeiten wir uns auf. Durch manche Erfahrungen zieht sich eigene und fremde Schuld. Unsere Arbeit, unsere Aufgaben, unsere Beziehungen – vieles, was uns sonst Freude macht, wird auf einmal zur Mühe und Last. Denn die vielen kleinen Enttäuschungen haben uns stumpf gemacht.

Abgestumpft zu sein, bedeutet: Die Seelenkraft ist verletzt, die Hoffnung getrübt, die Berufung entfremdet, das innere Leben seiner Freude beraubt. Wie das Eisen, das sich am Holz aufarbeitet und dadurch immer stumpfer wird, so arbeiten wir uns auf und stumpfen ab. Wir machen angestrengt weiter, aber wir spüren immer weniger Erfüllung und immer mehr Erschöpfung. Und doch muss man sagen: Wenn wir nicht stumpf werden, haben wir auch nicht gearbeitet. Wenn Sünde uns nicht berührt, haben wir auch nicht gelebt.

Noch ein Drittes wird an diesem Gleichnis deutlich: Es ist nicht die Schuld des Eisens, dass es stumpf wird. Das ist nicht zu vermeiden; es liegt in der Natur der Sache. Mit jedem Stich spürt auch das schärfste Eisen das harte Ahornholz. Mit uns ist es nicht anders: Es liegt im Wesen des Menschen, sich gegenseitig zu verletzen. Wir spüren, was die Lebenswelt uns zumutet, und die Enttäuschungen hinterlassen ihre Spuren. Das Buch Kohelet sagt dazu: *„Wer Steine bricht, der kann sich dabei wehtun; und wer Holz spaltet, der kann dabei verletzt* *werden.* "[10] Was damit ganz lapidar gesagt wird: Das Leben mutet sich uns zu und diese Zumutung verändert unser Herz.

Nur ein unbenutztes Werkzeug bleibt scharf. Es ist sich zu fein, an dieser Welt stumpf zu werden. Aber unsere Stumpfheit zeigt doch: Wir haben die Härte unserer Berufung erlebt.

Es ist nicht schlimm, dass wir stumpf werden. Aber fatal ist es, wenn wir uns nicht wieder schärfen lassen. Darum habe ich damals diese atemberaubende Traurigkeit über den Satz „Es reicht schon noch" gespürt.

HEILSAME SELBSTUNTERBRECHUNGEN

Man muss die Arbeit unterbrechen, um das Eisen zu schärfen. Auch wir müssen uns unterbrechen, um geschärft zu werden. Manchmal muss das Eisen neu angeschliffen werden, dann dauert es länger. Das sind in unserem Leben die Auszeiten und Exerzitien, die ein gesunder Jahresablauf von uns fordert. Aber manchmal muss das Eisen nur abgezogen werden. Dann sind es nur wenige Minuten, die nötig sind. Das sind die kurzen und doch unendlich heilsamen Minuten im Alltag, in denen wir uns unterbrechen und die liebende Stille suchen. Geschärft zu werden, bedeutet, sich zu unterbrechen, damit Gott uns immer wieder für sich allein haben kann.

Wenn ich unruhig und stumpf werde, zieht es mich immer wieder in den kleinen Nebenraum meiner Werkstatt; er ist das „Kämmerchen", von dem Jesus spricht: *„Wenn du betest, geh in dein Kämmerlein und schließ die Tür zu und bete zu*

---

10 Kohelet 10,9.

deinem Vater, der im Verborgenen ist."[11] Dort wird Gott mit uns über die Gedanken unseres Herzens sprechen, und wir werden lernen, was es heißt, aus einem hörenden Glauben zu leben.

Ich liebe die betende Stille, das gemeinsame Schweigen mit Gott. Wir sind verantwortlich dafür, uns ein fragendes Herz zu bewahren und uns zeigen zu lassen, wie wir geschärft werden können. Wer sich schärfen lässt, der begreift die Würde, die darin liegt, verantwortlich zu sein – verantwortlich für den eigenen Zustand. Jesus sagt: *„Selig sind, die reinen Herzens sind, denn sie werden Gott schauen."*[12] Diese Reinheit kann entstehen.

In der Stille werden uns Ohren des Herzens gegeben. Da spricht die Weisheit: „Nun hör auf. Unterbrich dich und suche meine Nähe. Wenn du in deinem Tun die Einheit mit dir selbst verloren hast, lass dich schärfen."

Wenn ein Instrument verstimmt ist, nützt es nichts, noch inbrünstiger zu spielen. Das Verkehrte kann nicht durch ein noch höheres Maß an Einsatz wettgemacht werden. Man muss das Instrument vor dem Spielen stimmen.

Der Himmel sucht unsere Stimmigkeit. Wenn das Werkzeug stumpf ist, nützt es nichts, mehr Kraft aufzuwenden oder um himmlischen Segen zu bitten. Man muss es schärfen. Nicht ein Mehr an Kraft, sondern gestimmt zu werden, geschärft zu werden – das bedeutet Segen.

Die Wahrheit gießt sich nicht in ein verwahrlostes Herz. Es wäre ein Akt der Selbstentwürdigung, sich mit Blick auf

---

11 Matthäus 6,6.
12 Matthäus 5,8.

ein verwahrlostes Herz zu beschwichtigen und zu sagen: „Es reicht schon noch." Alle großen spirituellen Kulturen und alle bedeutenden Schulen der Seelenführung, von der Antike bis zum heutigen Tag, sprechen von der Reinigung des menschlichen Herzens. Still werden, leer werden, sich stimmen lassen, sich schärfen lassen – es meint alles dasselbe. Es ist die Zeit, in der alles Hören zur liebenden Stille wird.

DIE SCHARTEN DER GEWOHNHEIT

Nun hat das Gleichnis noch etwas Dramatisches. Denn es weist auf etwas hin, was nicht nur anstrengend, sondern zerstörerisch ist: Wenn das Eisen nicht geschärft wird, entstehen in seiner Schneide feine Scharten. Anfangs sind diese Scharten mikroskopisch klein, aber das harte Holz hakt sich an ihnen ein, und so brechen diese Scharten weiter aus. Und durch die Scharte reißt die Holzfaser aus. Was nun geschieht, verursacht tatsächlich einen Schaden. Jeder Stich fügt dem Holz die Zeichnung der Scharte zu. Jeder Stich macht sichtbar, dass das Eisen diese Scharte trägt. So wird das entstehende Werk mit jedem Stich auf eine hässliche Weise gezeichnet.

So ist es auch mit uns. Die Scharten, die wir in uns tragen, werden alles zeichnen, was wir berühren. Jeder Gedanke, jede Begegnung – was immer ich berühre, es wird die Zeichnung meiner Scharte tragen: die Scharte der Rechthaberei, die Scharte des Geizes, die Scharte der Sorgen, die Scharte der Eitelkeit, vor allem aber die Scharte der Unversöhnlichkeit und Bitterkeit – diese gehegten und gepflegten Enttäuschungen, die wir nicht loslassen. Wie die Scharte in der Schneide mit jedem Stich das Holz zeichnet, so zeichnen unsere Scharten jede Begegnung und jede Beziehung und verletzen die Welt des Lebens.

Eine dieser hässlichen Scharten, die alles zeichnet und verdirbt, was sie berührt, ist die Scharte der Undankbarkeit.

Dankbarkeit erzeugt ein Empfinden der Fülle. Undankbarkeit erzeugt – egal, wie gut es uns geht – ein Empfinden des Mangels. Wir entscheiden, in welcher Welt wir leben wollen – in einer Welt der Fülle oder einer Welt des Mangels. Beziehungen, die nicht von gegenseitiger Dankbarkeit bestimmt sind, werden unweigerlich hässlich und mühsam werden. Wir zeichnen einander durch die Scharten, die wir haben.

Der Unterschied besteht nicht darin, dass die einen stumpf werden und die anderen nicht, sondern darin, dass die einen sich schärfen lassen und die anderen nicht. Im Babylonischen Talmud, dem grundlegenden Werk des Judentums, steht ein wunderbares Wort geschrieben, das genau davon spricht. Es heißt dort: „An dem Ort, an dem die Bußfertigen stehen, können nicht einmal die vollkommen Gerechten stehen."

Das heißt: Vollkommen zu sein, bedeutet nicht, dass du nicht stumpf wirst, sondern dass du dich schärfen lässt. Geschärft zu sein, bedeutet, „in der Arbeit der Liebe"[13] gestärkt zu sein. Denn unsere Schwachheit ist Gebot und Verheißung, sich stärken zu lassen und nicht, sich zu opfern.

aus: „Herztöne" von Martin Schleske © 2016, adeo-Verlag
in der SCM Verlagsgruppe GmbH, Aßlar (www.adeo-verlag.de)

---

13   1. Thessalonicher 1,3.

Entdecke, wer dich stärkt

Gelebte Stärkung in solidarischen (Frauen-) Netzwerken

Stephanie Feder und Birgit Mock

Seit 2015 führen wir im Hildegardis-Verein mit Unterstützung des Bonifatiuswerkes unser Mentoring-Programm „Kirche im Mentoring – Frauen steigen auf" durch. Es trägt dazu bei, ein großes solidarisches (Frauen-)Netzwerk lebendig werden zu lassen, und ist das erste Mentoring dieser Art für die katholische Kirche weltweit.

Was macht es so einzigartig? In unserem Mentoring spielen Vorbilder, Vernetzung und Weggemeinschaft eine wichtige Rolle.

Vorbilder

Im Hildegardis-Verein glauben wir an die Kraft von Begegnung. Aus vertrauensvollen Begegnungen können wir so viel mitnehmen: Ermutigung, Inspiration, Klarheit, Entscheidungsfreude und die Zuversicht, dass es auch nach schwierigen Wegstrecken weitergehen kann. In unserem Mentoring arbeiten Mentees (führungsinteressierte Frauen) mit Mentor*innen zusammen, die selbst schon eine Führungsposition innehaben. Die Mentor*innen erzählen von ihren Erfahrungen, von ihrer Haltung, von Grundsätzen ihres Führungsverständnisses.

Vorbilder sind meist Menschen, die um ihre eigenen Stärken wissen und diese zum Wohl der Gemeinschaft einsetzen.

Versteht man „Stärke" als (paulinisches) Charisma, dann sind Vorbilder Menschen, deren Stärken anziehend sind und andere Menschen beleben und inspirieren.

Letztlich ist die Frage, wer wem ein Vorbild ist, im Mentoring in alle Richtungen offen, auch die Mentees werden im Verlauf des Programms mit ihrer Neugier, ihren Kompetenzen und ihren Erwartungen an eine geschlechtergerechte Kirche zu Vorbildern für die Mentor*innen.

Vernetzung

Im Verlauf des Programms wächst ein Netzwerk. Seit dem Start 2015 sind bereits 210 Mentees und circa 175 Mentor*innen (einige mehrmals) aus 20 (Erz-)Bistümern, sechs Caritasverbänden und sechs Hilfswerken daran beteiligt. Und der Austausch geschieht nicht nur in den Tandems. Auch die Mentees untereinander beraten und inspirieren sich gegenseitig (Peer-Mentoring), und im Kreis der Mentor*innen entsteht ein lebendiges, überdiözesanes Netzwerk an Führungskräften.

Ähnlich wie Paulus' Bild vom Leib mit seinen vielen Gliedern erfahren die Mentees und die Mentor*innen bei „Kirche im Mentoring", dass es Menschen mit unterschiedlichen Gaben und Fähigkeiten gibt. Es geht nicht darum, so wie die anderen zu sein, sondern sich mit dem, was jede*r Einzelne beisteuern kann, am Netzwerk zu beteiligen und den individuellen Beitrag hinzuzufügen, damit das Netzwerk noch vielfältiger und lebendiger wird.

Weggemeinschaft

Das Programm setzt – wie alle Projekte des Hildegardis-Vereins – bewusst an den Stärken der Teilnehmenden an. Die

Teilnehmenden werden darin ermutigt, sie zu entdecken, sie zu benennen und Orte in der Kirche zu suchen, wo sie mit ihren Stärken verantwortungsvoll wirksam werden können. Die Stärkenorientierung macht dabei nicht nur große Freude, sondern ist organisationsentwicklerisch auch deutlich effizienter, als an Defiziten zu arbeiten. Und auch aus Charismen-Sicht ist die genannte Stärkenorientierung überzeugend: Charismen zeichnen sich unter anderem dadurch aus, dass sie von anderen entdeckt werden. Das heißt, wir brauchen Menschen, die uns zusagen und uns darin ermutigen, was wir können und was sie in uns für Charismen sehen. Wenn wir unsere Charismen leben können, dann macht das Freude, geht vieles leichter, dann sind wir lebendige, geist-volle Gemeinschaft mit den Gaben und Talenten, die Gott in uns hineingelegt hat.

Aufgrund der Stärkenorientierung wird auch ein Kulturwandel angestoßen: In den beteiligten Organisationen weitet sich das Frauenbild, Frauen in Führungsverantwortung bringen sich ein, Teams in geteilter Verantwortung und mit neuen Führungs(Teilzeit-)modellen eröffnen ganz neue Chancen.

„Kirche im Mentoring" ist ein lebendiges Beispiel für Stärken- und Charismenorientierung. Wenn wir konsequent auf das schauen, was und wer uns stärkt, wie wir uns gegenseitig unterstützen können und wie Vielfalt ohne Konkurrenz erlebbar wird, dann bedeutet das: Freude, Leichtigkeit und Zukunft.

Dieses Projekt wird gefördert vom Bonifatiuswerk.

Wer und was stärkt mich?

Anselm Grün

EINLEITUNG

Um unser Leben zu bewältigen, brauchen wir Kraft und Stärke. Oft genug fehlt uns die Kraft, den Alltag gut zu leben. Heute leiden viele unter Erschöpfung. Alle Kraft hat sich in ihnen erschöpft. Sie sprechen von „Burn-out", dass sie ausgebrannt und kraftlos geworden sind. Da sehnen wir uns nach Menschen, die uns stärken, und nach etwas, was uns wieder Kraft schenkt. So möchte ich der Frage nachgehen, wer oder was mich in meiner Lebensgeschichte schon gestärkt hat und wer oder was mich heute zu stärken vermag.

WER STÄRKT MICH?

Mich stärken Menschen, die Hoffnung ausstrahlen. Wenn ich mit ihnen spreche, habe ich das Gefühl, dass alles in mir sein darf, dass alles nicht so schlimm ist. Es kommt nur darauf an, wie ich mit meinen Problemen, mit meinen Unsicherheiten und mit meiner Kraftlosigkeit umgehe. Diese Menschen geben mir Zuversicht: Meine Probleme lassen sich lösen. Ich bin auf dem richtigen Weg. Ich soll einfach weitergehen und damit rechnen, dass der Weg durch manchen Engpass und manche Schlucht hindurchführt, mich aber letztlich in die Weite und in die Freiheit führt. Wenn ich mich frage, was diese Menschen, die mich stärken, auszeichnet, so erkenne ich: Sie bewerten mich nicht, sie verstehen mich. Sie fühlen sich in mich hinein. Und sie begegnen mir mit der Hoffnung, dass ich durch die momentane Schwierigkeit durchkommen werde. Sie verschließen die Augen nicht vor der Situation in der Welt. Aber sie sind trotzdem voller Hoffnung, dass das Böse nicht über das Gute siegt und dass es trotz aller Katastrophen immer auch Aufbrüche in eine neue und bessere Zukunft gibt.

Mich stärken väterliche Menschen, die mir den Rücken stärken. Wenn ich zurückschaue, so war es mein Vater, der mir den Rücken gestärkt hat. Er hat nicht viel an uns herumerzogen. Er hat uns Kindern vertraut und etwas zugetraut. Und er hat uns einfach durch sein Dasein den Rücken gestärkt. Wir hatten den Eindruck, dass er wie ein Fels in der Brandung ist. Er war als Soldat im Ersten Weltkrieg bei der Marine und hat dort öfter die Nähe des Todes gespürt. Er ist durch die Herrschaft der Nazis in dem Bewusstsein gegangen, dass das nicht lange währen wird. Und er hat nach dem Krieg sein Geschäft weitergeführt, auch als er wegen der damals schwierigen Zahlungsmoral Konkurs anmelden musste. Trotz allem hat er Vertrauen ausgestrahlt und Stehvermögen gezeigt.

Mich stärken mütterliche Menschen. Mütterliche Menschen wie meine Mutter schaffen einen Raum, in dem ich einfach sein darf, wie ich bin, in dem für mich gesorgt wird, in dem ich daheim sein kann. Meine Mutter hat in all den

Schwierigkeiten nach dem Zweiten Weltkrieg immer gesagt: „Man darf niemals die Hoffnung verlieren." Das hat mich geprägt und das stärkt mich auch heute noch. Wenn alle jammern, weil alles so schlimm ist, denke ich immer an das Wort meiner Mutter. Dann wächst in mir die Hoffnung, dass auch in der größten Schwierigkeit neue Möglichkeiten aufbrechen werden.

Heute stärken mich Freunde und Freundinnen, von denen ich mich verstanden fühle, mit denen ich alles besprechen kann, was mir auf der Seele liegt. Und mich stärken meine Brüder in der klösterlichen Gemeinschaft. Ich fühle mich getragen. Die Brüder nehmen mir vieles ab. Ich brauche mich nicht um das Essen zu kümmern. Und ich weiß, dass ich auch in der Krankheit gut versorgt werde. Wenn ich im Chorgebet einmal nicht so konzentriert bin, dann fühle ich mich getragen vom Gebet der Brüder.

Es sind aber nicht nur Menschen, die mich stärken. Für mich ist es letztlich Gott, der mich stärkt. In den Psalmen wird Gott immer wieder als der gepriesen, der uns Kraft und Stärke verleiht: *„Der Herr ist die Kraft meines Lebens. Vor wem sollte mir bangen?"* (Psalm 27,1). In Psalm 59,10 betet der Psalmist: *„Meine Stärke, an dich will ich mich halten."* Und in Psalm 138,3 heißt es: *„Du gabst meiner Seele große Kraft."* Und der Prophet Jesaja verheißt uns: *„Er gibt dem Müden Kraft, dem Kraftlosen verleiht er große Stärke"* (Jesaja 40,29). Wenn ich diese Worte meditiere, erlebe ich Gott als den, der mir Kraft verleiht mitten in meiner Schwäche. Da fließt mir von Gott her neue Kraft zu. Ich gebe meine Kraftlosigkeit zu, aber ich spüre, dass da aus dem Grund der Seele eine andere Kraft in mich einströmt.

Und für mich ist es Jesus, der mich stärkt. Der Evangelist Lukas schreibt oft von der Kraft, die von Jesus ausgeht: *„Es ging eine Kraft von ihm aus, die alle heilte"* (Lukas 6,19). Als Jesus das erste Mal in der Synagoge lehrte und von Gott sprach, da staunten die Menschen und spürten: *„Mit Vollmacht und Kraft befiehlt er den unreinen Geistern"* (Lukas 4,36). Im Griechischen stehen hier zwei Worte: „exousia" und „dynamis". „Exousia" bedeutet eigentlich: aus dem Sein heraus handeln und sprechen. Wenn ich wie Jesus aus meinem inneren Sein heraus handle, dann geht mir die Kraft nicht aus. Ich muss meine Kraft nicht beweisen. Ich habe teil an der Kraft Jesu. „Dynamis" ist die Kraft, die etwas bewirkt, die Bewegung in die Menschen, in die Welt bringt. Ich darf vertrauen, dass Jesus mir auch diese Kraft, diese Dynamik schenkt, dass ich etwas in Bewegung bringen kann in den Menschen und in der Welt.

Jesus verheißt den Jüngern, dass sie mit der Kraft aus der Höhe erfüllt werden (vgl. Lukas 24,49). Es ist die Kraft des Heiligen Geistes, die uns Jesus sendet. *„Ihr werdet die Kraft des Heiligen Geistes empfangen, der auf euch herabkommen wird"* (Apostelgeschichte 1,8). Bei den Jüngern Jesu äußert sich diese Kraft, indem sie auf einmal den Mut haben, vor die Menschenmenge hinzutreten und die Botschaft Jesu zu verkünden. Ich persönlich erfahre die Kraft des Heiligen Geistes, wenn ich an manchen Tagen zu viele Termine hintereinander habe. Die erste Reaktion ist dann: Warum habe ich mir das aufgeladen? Aber dann denke ich: Es ist jetzt einfach so. Ich versuche dann, durchlässig zu sein für den Heiligen Geist, mir vorzustellen: Ich selber habe jetzt keine Kraft. Aber aus dem Grund meiner Seele strömt die Kraft des Heiligen Geistes in mich ein. Dann mache ich die Erfahrung, dass der Tag trotz aller Termine gut wird und dass ich abends nicht erschöpft bin, weil da eine andere Kraft in mir gewirkt hat.

So ist es der dreifaltige Gott, der mir Kraft verleiht. Gott, der Vater, stärkt mir den Rücken. Ihn erfahre ich, wenn ich in den Psalmen Gott anspreche als meine Kraft und meine Stärke. Und es ist Jesus, der mich stärkt, wenn ich sein Wirken meditiere. Jesus stärkt mich, wenn ich ihn in der Eucharistie empfange. Dann geht es nicht nur darum, ihn nachzuahmen. Vielmehr ist dann Jesus selbst mit seiner Kraft in mir. Und ich erfahre Jesus als den, der mich aufrichtet, wenn ich gebeugt bin und mich hängen lasse (vgl. Lukas 13,10ff), der mir Mut macht, aus der Zuschauerrolle auszusteigen, mich meiner Wahrheit zu stellen und mein Leben selbst in die Hand zu nehmen (vgl. Markus 3,16). Und ich erfahre die Kraft Jesu, wenn ich mir von ihm sagen lasse: *„Steh auf, nimm dein Bett und geh!"* (vgl. Johannes 5,1-9). Da spüre ich: Jesus traut mir zu, mitten in meinem mangelnden Selbstvertrauen, mitten in meiner Kraftlosigkeit aufzustehen und das Bett, meine Schwächen, meine Grübeleien, meine Zweifel, unter den Arm zu nehmen und meinen Weg zu gehen. Wenn ich solche Heilungsgeschichten meditiere, dann erlebe ich Jesus als den, der mich heute stärkt, ganz gleich in welcher Situation in mich befinde, ob ich mich von Angst gelähmt und blockiert fühle oder ob ich Angst habe vor meiner eigenen Wahrheit und lieber die Augen vor mir verschließe.

Und ich erlebe immer wieder die Kraft des Heiligen Geistes. Ich erinnere mich dann an die Taufe, in der ich mit Wasser übergossen wurde, in der mir zugesagt wurde: Du wirst nie vertrocknen, die Quelle des Heiligen Geistes ist in dir. Du wirst nie total erschöpft, denn du kannst aus der Quelle des Heiligen Geistes schöpfen, die unerschöpflich ist, weil sie göttlich ist.

WAS STÄRKT MICH?

Die Frage nach dem *Was* hängt oft genug mit dem *Wer* zusammen. Ich kann sagen: Das Gebet stärkt mich. Doch im Gebet begegne ich ja Gott, der mich stärkt. Oder die Eucharistiefeier stärkt mich jeden Tag. Aber auch in der Eucharistiefeier begegne ich Jesus Christus und verinnerliche ihn, indem ich ihn in den Zeichen von Brot und Wein in mich aufnehme. Dennoch möchte ich dem besonders nachspüren, was mich stärkt.

Da sind die spirituellen Wege, die mich stärken. Dazu gehört das Gebet, in dem ich mich mit meiner Wirklichkeit, so wie sie gerade ist, Gott hinhalte und vertraue, dass Gottes Liebe in mich einströmt und mir neue Kraft verleiht. Da sind die Gottesdienste, die Eucharistiefeier, aber auch das Stundengebet, in dem ich all das, was mich bewegt, vor Gott ausspreche. Indem ich alles vor Gott ausspreche, wandelt sich schon etwas in mir. Und oft genug höre ich in den Psalmen die Zusage, dass Gott für mich sorgt.

Ein wichtiger Ort, an dem ich mich gestärkt fühle, ist die Stille. Wenn ich mich einfach still hinsetze, dann erlebe ich oft eine innere Reinigung. Das, was mich blockiert, was mich beschäftigt, das taucht zuerst in mir auf, aber dann lasse ich es einfach los und ich spüre mich, so wie ich bin. Ich befreie mich von dem Druck, irgendetwas leisten zu müssen.

Ich muss in der Stille auch keine tiefen Erfahrungen machen. Ich bin einfach da. Und diese Erfahrung, einfach da zu sein, ohne Druck, mich darstellen, mich rechtfertigen, mich beweisen zu müssen, gibt mir neue Kraft. In der Stille komme ich in Berührung mit dem Raum der Stille, der immer schon in mir ist, von dem ich aber oft genug abgeschnitten bin durch die Probleme und Sorgen, die ich mir mache. In diesem Raum der Stille auf dem Grund meiner Seele komme ich mit der Kraft der Liebe in Berührung, die in mir ist. Diese Liebe ist mehr als ein Gefühl. Sie ist – wie Platon meint – eine Kraft, die das Getrennte miteinander verbindet, eine Kraft, die Erstarrte wieder zum Leben bringt und die Gebeugte wieder aufrichtet.

Worte stärken mich. Das sind nicht nur Worte der Bibel. Manchmal sind es Worte, die mir ein Freund gesagt hat, oder Worte, die ich in einem Buch gelesen habe. Das Wort hat mich in meiner Seele berührt. Und so sage ich es mir immer wieder vor. Es gibt auch Sprichwörter, die mich stärken. Sprichwörter entlasten mich oft von dem Druck, den ich mir selber mache. Wenn ich einen Fehler mache, kann ich mich selbst beschimpfen. Das raubt mir Kraft. Oder ich sage mir vor: „Es ist noch kein Meister vom Himmel gefallen." Das entlastet mich und stärkt mich.

Oft sind es auch Lieder, die mich stärken. Manche Lieder sind wie Ohrwürmer, die in mir immer wieder auftauchen. Sie geben mir Halt. Und sie lassen mich die Welt mit anderen Augen sehen. Und die Lieder verwandeln meine Stimmung. Sie sind oft ein Halt, wenn ich mich haltlos fühle. Ich kann mich an ihnen festhalten und sie geben mir Zuversicht. Ich bin nicht allein in meiner Situation. Das Lied begleitet mich. Das Lied bringt mich in Berührung mit meiner inneren Energie, die durch die Verletzung, die ich erlebt habe, beschädigt war.

Auch das Lesen stärkt mich. Im Lesen tauche ich ein in eine andere Welt, in eine Welt, die weiter und bunter ist als die, in der ich gerade lebe. Lesen ist keine Flucht in eine andere Welt. Vielmehr ist die Welt, in die ich beim Lesen eintauche, auch in mir selbst. Ich entdecke also in mir eine weitere und buntere Welt, eine Welt, die mir neue Zuversicht schenkt. Allerdings darf ich mich beim Lesen nicht unter Druck setzen, alles erfüllen zu müssen, was da geschrieben steht. Es genügt, einfach einzutauchen in die andere Welt. Die wirkt auf mich stärkend und befreiend.

Für mich, aber auch für viele andere ist es die Natur, die uns stärkt. Heute spricht man vom Waldbaden, das gesund ist. Auch ohne dass ich solche Begriffe gebrauche, spüre ich, dass es mir guttut, im Wald spazieren zu gehen. Ich bin ganz in meinen Sinnen. Ich höre die Vögel zwitschern und die Blätter im Wind rauschen. Ich rieche den Wald, ich spüre die Luft auf meiner Haut. Die Natur stärkt mich, weil sie mich nicht bewertet. Ich darf einfach ein Teil von ihr sein. Und sie stärkt mich, weil ich teil habe an ihrer Kraft, an ihrer Lebendigkeit, am Blühen und Wachsen, das ich um mich herum wahrnehme. Für mich ist das Wandern in den Bergen etwas, was mich stärkt. Natürlich ist das Bergsteigen oft anstrengend. Aber es tut gut, meine eigene Kraft zu spüren und mich bewusst auch herauszufordern, mir etwas zuzutrauen. Wenn ich dann müde heimkomme, ist es eine gute Müdigkeit. Ich kann sie genießen und mich erholen, mir das holen, was ich gerade brauche.

Was mich stärkt, sind gute Gespräche, in denen wir nicht über andere reden, sondern miteinander sprechen, persönlich von uns sprechen. Im Gespräch berühre ich nicht nur den anderen, sondern ich komme auch in Berührung mit mir selbst, mit neuen Sichtweisen, mit neuen Kräften in mir.

Was mich stärkt, sind auch schöne Feste und Feiern. Der Philosoph Joseph Pieper hat eine eigene Philosophie des Festes entwickelt. Das Fest ist Zustimmung zum Leben und zur Welt und zugleich Ausdruck der Hoffnung auf Erneuerung. Die Juden haben uns gezeigt, welche Wirkung Feste haben können auf den Einzelnen und auf die Gemeinschaft. Sie haben auch in schmerzvollen Zeiten von Verfolgung ihre Feste gefeiert und jede Woche den Sabbat. Die Feier der Feste gab ihnen Kraft, schwierige Zeiten durchzustehen. Denn im Fest bricht etwas anderes in unsere Welt ein. Wir fühlen uns verbunden mit unseren Wurzeln, mit der Lebenskraft und Glaubenskraft unserer Vorfahren. Und im Fest öffnet sich unsere oft verschlossene Welt für die Transzendenz, für Gott, der uns im Fest verheißt, dass unsere Sehnsucht nach Heimat und Geborgenheit, nach einem gelingenden Leben erfüllt wird. Die Feste sind auch mit Fröhlichkeit und Tanz verbunden und natürlich mit einem festlichen Mahl. Auch ein schönes Mahl, ein gutes Essen stärkt uns. Wir genießen die Speisen, wir stärken uns durch das Essen. Und wir erleben beim Mahl eine Gemeinschaft, die uns trägt. Das deutsche Wort „Mahl" hat die gleiche Wurzel wie „medicus = Arzt". Das gute Mahl ist also etwas Heilsames und Stärkendes wie eine gute Medizin.

Was uns auch stärken kann, ist der Anblick einer schönen Landschaft oder eines schönen Bildes. Schönheit – so meint der griechische Philosoph Platon – bringt uns in Berührung mit den ursprünglichen Ideen, die Gott uns eingestiftet hat. Das bedeutet auch: Durch die äußere Schönheit spüren wir unsere eigene innere Schönheit und die heilsame Kraft, die von der Schönheit ausgeht. Martin Walser meinte einmal: „Wenn du etwas schön findest, bist du niemals allein. Wenn du etwas schön findest, bist du erlöst, erlöst von dir selbst." Die Verbundenheit, die Schönheit schafft, stärkt uns. Die Gehirnforscher wissen, dass Verbundenheit immer auch Kreativität erzeugt. Die Verbundenheit stärkt uns auf unserem Weg. Sie trägt uns.

SCHLUSS

Jeder macht seine persönlichen Erfahrungen mit dem, der ihn stärkt, und mit dem, was ihm Kraft verleiht. Es tut uns gut, nicht nur auf die Problemfelder unserer Welt zu schauen, auf den Klimawandel und den Krieg in der Ukraine oder auf die Gefahren durch die Pandemie. Wir sollen die Augen nicht verschließen vor der Realität. Aber mitten in dieser Welt sollen wir uns bewusst machen, dass uns schon vieles stärkt, dass uns Menschen in unserem Umfeld stärken, dass uns die Natur und die Musik stärken. Und wir sollten uns fragen, wie weit wir uns von Gott stärken lassen. Gott ist immer Kraft und Stärke. Aber es ist unsere Aufgabe, mit Gott in Beziehung zu kommen, damit wir Anteil bekommen an seiner Kraft. Mich persönlich stärkt die Person Jesu und seine Botschaft. Immer wieder meditiere ich die Heilungsgeschichten, aber auch seine Gleichnisse und seine Worte. Von seinen Worten geht für mich eine große Kraft aus. Aber die Kraft strömt nicht automatisch in mich ein, sondern nur, wenn ich bereit bin, mich auf Jesus und seine Botschaft einzulassen.

Treppen steigen –
Über Kirche
im eigenen Haus

Regina Laudage Kleeberg

Zu Gott kommen, still werden, sonntags die Woche reflektieren, an den Hochfesten den Kern des Glaubens ganz konzentriert feiern: Gottesdienst feiern hat mich in vielen Lebensmomenten sehr gestärkt. Diese Feier ist einerseits ein Kraftpunkt in meiner Biografie und andererseits auch ein Ort, an dem sich im schlechten Fall das institutionalisiert, was ich in meiner römisch-katholischen Kirche ablehne: Klerikalismus, Weiheausschluss von Frauen, Formalismus.

Umso herausfordernder ist der Gottesdienstbesuch in den letzten Jahren für mich geworden. Das Bedürfnis nach dem Ausleben der Spiritualität in Gemeinschaft ist aber weiterhin sehr hoch.

Die Geschichte, die ich Ihnen nun erzähle, hat viel mit dieser Ambivalenz des Katholischseins zu tun und ist zugleich ein Zeichen dafür, wie viel Freiheit und Liebe in dieser Religion und Konfession stecken.

Im Frühjahr 2020 ist das Sehnen groß. Ein immenses Bedürfnis nach Gottesdienstgemeinschaft wächst in einer doppelten Ausnahmesituation, denn wir sind an unser Zuhause gefesselt wie nie: durch den ersten Lockdown und zwei Kleinstkinder.

Auf einen Schlag entfallen alle Möglichkeiten, sich zu erholen: Die Kitas schließen, Spielplatzbesuche sind verboten, die Kirchen bieten keine Gottesdienste mehr an, die Erwerbsarbeit am Computer ist der einzige „Rückzugsort". Und da lauern ganz andere Hindernisse ...

An einem Freitagabend lege ich einen Zettel auf den Briefkasten in unserem Mehrfamilienhaus, zum Ankreuzen:

- Wer von euch hätte Lust auf einen gemeinsamen Gottesdienst im Hausflur?
- Wer hat keine Lust, findet es aber okay, wenn er stattfindet?
- Und wer fühlt sich damit unwohl?

Drei der fünf Parteien haben Lust, die anderen lassen uns gewähren.

Die erste Feier findet am Palmsonntag statt, abends, als die Kinder endlich im Bett sind, schiebt mein Mann das Klavier an die Wohnungstür, ich stelle im Treppenhaus Kerzen auf, auf jedem Absatz eine Sitzgelegenheit für eine Familie. Und ich lege ein Seil die Treppe entlang.

Die Nachbarn kommen, alle sind etwas verlegen, noch kennen wir uns nicht besonders gut, aber wir wissen voneinander, dass wir religiös sind.

Wir feiern einen Wortgottesdienst, ich habe im Vorort bei einem Mann drei Buchsbäume abgeholt – eine Zufallsbegegnung bei einem der vielen Radausflüge, um die Kinder zu lüften. Die kleinen Bäume stehen wuchtig und ungelenk auf der Treppe. Der Nachbar ist Diakon und liebt Pflanzen, seine Frau singt viel, mehr wissen wir nicht.

Wir fragen, wer etwas in der Feier übernehmen möchte, und bitten den Diakon, die Zweige zu segnen. Mitten im Gottesdienst bricht Gelächter aus, denn der Nachbar aus dem vierten Stock kommt mit einem Sixpack Bier vom Einkaufen zurück, bietet allen etwas an und bahnt sich seinen Weg durch unsere Feier.

Den Frieden wünschen wir uns mit dem Kletterseil, das von oben nach unten alle verbindet – wir nehmen es in die Hände, verbunden auf Abstand. Es berührt mich sehr, denn der fehlende Körperkontakt tut mir im Lockdown am meisten weh.

Mit dem nächsten Zettel frage ich die Nachbarn, ob wir auch die Kar- und Osterliturgie im Treppenhaus feiern wollen – sie kreuzen „Ja" an. Gründonnerstag. Wir legen allen ein Stück Brot, eine Schale mit warmem Wasser, einem Tropfen Orangenöl darin, und einen Waschlappen an ihren Platz. Wir erinnern uns an das letzte Abendmahl, kauen auf der warmen Brotkruste herum und waschen uns selbst das Gesicht, waschen alles ab, was in uns gerade unruhig, unglücklich ist. Eine Nachbarin hat eine Laterne und ein Kreuz mitgebracht. Am Ende der Feier tragen wir beides gemeinsam hinunter durch den Keller in den Garten. Ein paar Minuten wachen und beten wir noch da draußen, bevor alle zurück in ihre Wohnungen gehen.

Am Karfreitag treffen wir uns bei Sonnenschein im Garten vor der Laterne und vor dem Kreuz, ich habe im Baumarkt ein Kilogramm dicke, lange Nägel gekauft, das Baby strampelt auf der Decke, der Zweijährige sitzt im Sandkasten – es ist der erste Gottesdienst, den wir mit beiden Kindern entspannt erleben.

Wir lesen die Passion und singen ganz leise die Lieder, irgendwie ist es schon ein wenig peinlich, sich draußen als Christ:innen zu outen, während auf dem Balkon im Nachbarhaus jemand kifft und woanders der Rasenmäher läuft. Nacheinander nehmen wir die Nägel, einzelne oder eine ganze Handvoll, und schütten sie vor das Kreuz – eine legt sie, einer wirft, eine knallt ein ganzes Bündel Jesus hin –, meine Augen werden feucht. Wir löschen die Kerze und starren auf den Rauch, der entweicht.

Die gemeinsame Feier bekommt etwas Routine – wir bauen auf und ab, starten immer erst, wenn alle bereit sind. Eine Nachbarin fertigt spontan für alle Haushalte Osterkerzen an, der Diakon erklärt sich etwas scheu dazu bereit, das „Lumen Christi" und „Dies ist die Nacht" zu singen. Weil er so zurückhaltend ist, vermute ich bis zum letzten Augenblick, dass er nicht singen kann.

Osternacht. Mein alljährlich heiß ersehntes liturgisches Hochfest.

Die Söhne der einen Familie entzünden das Feuer, der Diakon segnet die Osterkerzen und wir ziehen vom Garten durch den Keller als kleine Prozession nach oben ins Treppenhaus. Der Diakon kann singen, stelle ich gerührt fest, als er im Keller anstimmt. Und das Treppenhaus hat eine Akustik, die so manch kleinem Kirchenraum in nichts nachsteht. Mit dem Gesang nur weniger Menschen ist sie trotzdem da, die Gänsehaut. Wir feiern die schönste Osternacht meines Lebens.

Seit 2020 haben wir weitere, einzelne Treppenhausgottesdienste gefeiert. Aber vor allem sind wir als Nachbarn sehr nah zusammengerückt – durch die Pandemie und die Gottesdienste. An Nikolaus und Ostern liegen an allen Türen kleine

Überraschungen, wir leihen einander Fahrräder und Werkzeug, die Geschickten reparieren etwas für die Ungeschickten, die Kopfmenschen redigieren etwas für die Praktiker:innen, wir geben uns Kuchen und Gegrilltes ab. Der Partynachbar trägt mir die Kinder nach oben und ich ihm seine Pakete. Alle fragen einander, wie es geht.

Für diese unerwartet innige Nachbarschaft ist in mir extreme Dankbarkeit gewachsen, denn unser Zusammenleben ist nicht mehr nur freundlich-gleichgültig, im Haus steckt jetzt Nächstenliebe – ganz religiös begründet, ganz praktisch in der Spiritualität.

Eine solche Hausgemeinschaft mitten in der Großstadt zu erleben, obwohl wir zugleich weiterhin großstädtisch diskret mit Krach, Streit und Intimität der anderen umgehen, ist ein gelingender Balanceakt, der dafür sorgt, dass niemand aus diesem Haus ausziehen will.

Ein Mann hat unsere Gottesdienste einmal etwas abfällig als „Privatchristentum" bezeichnet. Bis heute bin ich wütend über diesen Ausdruck. Denn Feiern im eigenen Haus, Hausgottesdienste, sind doch ur-jesuanisch – Jesus hat in ganz normalen Häusern das Brot gebrochen und den Segen gesprochen, hat ganz normale Tischgemeinschaften zu spirituellen Höhepunkten gemacht, hat dabei Lebensveränderungen für Menschen bewirkt.

Wie klein denkt dieser Katholik, der „Privatchristentum" sagt, eigentlich von Gottes Wirksamkeit? Müssten wir Christ:innen in der heutigen Zeit nicht viel mutiger werden, uns mit denen zusammenzutun, mit denen wir gern Gottesdienst feiern wollen, anstatt Sonntag für Sonntag nach offiziellen Messen zu suchen, die nicht total furchtbar sind?

In mir ist mit den Treppenhausgottesdiensten ein Mut gewachsen. Der Mut zu sagen: „Ich würde gern mit euch beten,
gern mit euch eine Feier feiern, in der Gott vorkommt." Und
deshalb wünsche ich mir auch, dass aus diesem Beitrag nicht
nur Nachdenken entsteht, sondern vielleicht auch hier und
dort gemeinsamer Gottesdienst. Dass Menschen sagen: „Wir
fühlen uns irgendwie obdachlos katholisch und wir wollen
mit diesem Gefühl einen Gottesdienst zusammen feiern."

Aber wie könnte der sein?

Vor allem bräuchte dieser Gottesdienst eine große innere
Freiheit, alle Teilnehmenden so sein zu lassen, wie sie sind,
denn nur weil wir uns gemeinsam obdachlos in unserem Ka-
tholischsein fühlen, heißt es nicht, dass wir gleiche liturgische
Interessen pflegen. Die Freiheit ließe sich aber liturgisch abbilden:

Zum Beispiel, indem die Predigt durch ein offeneres For-
mat ersetzt wird, etwa „Bibel teilen", wobei die Beteiligten
das Evangelium ein- oder zweimal hören (und vielleicht
dazu noch zum Lesen bekommen) und dann die Möglichkeit haben, ihre persönlich nachklingende Stelle laut auszu-
sprechen.

Oder indem die Fürbitten demokratisiert werden: Alle
können einen Namen einer Person oder eine Sache laut aus-
sprechen, für die sie beten wollen, oder alle können eine kleine Kerze anzünden als stilles Symbol für ihre Fürbitte.

Oder indem der Gottesdienst den Menschen an geeigne-
ter Stelle eine Wahl lässt, was ihnen gerade am besten tut: So
könnten sich die einen segnen lassen, die anderen etwas für
sich aufschreiben, die nächsten der Musik lauschen und wieder andere mit jemandem eine Sorge teilen.

Die Ideen, die ich mit Freiheit im Gottesdienst verbinde, sind absolut nicht neu. Aber sie haben etwas in sich, das ich für obdachlos katholische Menschen nicht mehr wegdenken möchte: Wir sind alle mündig, und jede:r von uns hat eigene Vorstellungen, wo die spirituelle Sehnsucht gut aufgehoben ist. Ein Gottesdienst muss das abbilden, wenn er gewinnen anstatt abschrecken will.

aus: Regina Laudage-Kleeberg, Obdachlos katholisch, © 2023, Kösel-Verlag, München in der Penguin Random House Verlagsgruppe GmbH

Entdecke, was und wer du bist

Notker Wolf OSB

Ein spannendes Thema, das ich aber nicht abstrakt, sondern sehr persönlich beantworten möchte, anhand meiner Lebensgeschichte, meiner Vorbilder, des Evangeliums und meines jetzigen Lebens in meiner klösterlichen Gemeinschaft.

Erste Bausteine meiner Lebensgeschichte

Am Heiligen Abend 1942 nahm mich meine Mutter mit in die mitternächtliche Christmette. Sie stellte mich kleinen Stöps vor sich auf die Kirchenbank. Ich war überwältigt vom Gesang, von den Weihrauchschwaden, von den vielen Kerzenlichtern. Ich wurde ganz und gar von Freude ergriffen. Damit war eigentlich der Grund für mein Leben gelegt: Religion, meine Heimatkirche sind Orte des Glücks. Von da an war mein ganzes Leben mit Gott und auch der Liturgie verknüpft.

Vorausgegangen war die Weihnachtsbescherung bei unseren Hauseigentümern. Der Ehemann war im Krieg, durfte aber an Weihnachten zu seiner Frau. Ich betrat das abgedunkelte Wohnzimmer, in dessen Mitte ein Christbaum leuchtete. Unter dem Christbaum fand ich in einem vergoldeten Netz drei Bauklötzchen, die mit Bildern beklebt waren. Als ich sie voll Verwunderung aus dem Netz pulte, merkte ich, dass jemand hinter mir stand. Ich drehte mich um und blickte in ein Gesicht, das vor Freude über meine Freude strahlte. Der Mann ist später im Krieg gefallen, aber er hat mir ein unschätzbares Geschenk hinterlassen: Freude zu erfahren, indem ich anderen Menschen Freude bereite.

Sich von Christus berühren lassen

Der nächste Schritt kam, als ich vierzehneinhalb Jahre alt war. In einem Heft der „Katholischen Missionen" auf dem Dachboden las ich fasziniert die Lebensbeschreibung des damals heiliggesprochenen Südseemissionars des 19. Jahrhunderts, Pierre Chanel. Auf Geheiß des Häuptlings der Insel Futuna, der ihm vorher nur die Begleitung Kranker und Sterbender genehmigt hatte, wurde er umgebracht. Der Häuptling hatte gespürt, dass seine Autorität durch eine fremde infrage gestellt worden war – ein Vorgang, der mir später auch in modernen politischen Systemen immer wieder begegnen sollte. Bald nach dem Tod Pierre Chanels ließen sich alle Inselbewohner taufen. Ihnen war bewusst geworden, was er ihnen hatte bringen wollen. Das hat mich gepackt; ich hatte endlich eine Antwort gefunden auf meiner Suche nach einem sinnvollen Leben. Sein Leben für Christus hinzugeben, das macht Sinn, und dabei darf ich nie auf den Erfolg schauen; den gibt Gott zu seiner Zeit. Das ist mein Grundmotiv bis zum heutigen Tag.

Mein Heimatpfarrer schickte mich zu den Missionsbenediktinern in St. Ottilien. Dort fände ich gelebte Liturgie und würde Missionar werden. Es kam dann allerdings anders: Bei meinem

Eintritt ins Noviziat von Sankt Ottilien wurde mir bedeutet, wegen meiner schwachen körperlichen Konstitution hätte ich nie eine Chance, in die Mission zu gehen. Ich solle einmal Lehrer werden an unserem Gymnasium. Doch auch dann lief es wieder anders, ich musste mich in Philosophie spezialisieren, studierte in Rom und an der LMU in München und wurde Dozent an der Benediktiner-Hochschule von Sant'Anselmo. Nach sechs Jahren – ich dachte, ich würde für immer in Rom bleiben – kam eine neue Wende. Mein Abt wurde zum Abtprimas des gesamten Benediktinerordens gewählt. Man brauchte einen Nachfolger für den Abt unseres Klosters und den Präses unserer Missionskongregation. Ich wurde gewählt und hatte am nächsten Tag das Generalkapitel zu eröffnen und zu leiten. Mit meinen 37 Jahren war ich auf einmal verantwortlich für die gesamte Missionstätigkeit unserer Kongregation. Es war eine enorme Herausforderung, aber ich nahm sie an im Sinne meiner ursprünglichen Berufung. Ich hatte nie daran gedacht, einmal eine solche Aufgabe zu übernehmen. Aber ich habe darin eine Herausforderung Gottes gesehen, die ich angenommen habe. Das Vertrauen meiner Mitbrüder hat mich dabei bestärkt. Meine Hoffnung, einmal Missionar zu werden, hatte sich erfüllt, wenngleich in ganz anderer Weise, als ich erträumt hatte.

Das Herz weiten

Mein Prior wurde mir ein Lehrmeister. Er bestärkte mich, ich sei nun einmal gewählt und müsse zuversichtlich meinen Weg gehen. Er selbst war der ruhende Pol in unserem Kloster. Ich konnte ohne Sorgen meine Visitationen der einzelnen Klöster vornehmen und mich auf Reisen begeben. Bald nach der Wahl sagte er: „Fahren Sie, die Mitbrüder in den Klöstern wollen Sie kennenlernen." Er ließ sich nie aus der Fassung bringen. Ein Novize ging einmal zu ihm und beklagte sich über die Zustände im Kloster. Prior Paulus hörte sich das Ganze in Ruhe, nur mit dem Kopf nickend, an. Der Novize packte in einem Wutanfall einen Blumenstock vom Fenstergesims und knallte ihn dem Prior vor die Füße. Über sich selbst erschrocken, fragte der Novize, was er nun tun solle. Die lakonische Antwort des Priors: „Koffer packen." Als ich ihn nach 38 Prior-Jahren ablöste und ihn fragte, wie er die ganzen Tiefschläge ausgehalten habe, meinte er, er habe lieber die andern geärgert als sich selbst, das erhalte gesünder. Und er fügte hinzu: „Nehmen Sie ja nichts ernst auf dieser Welt, vor allem sich selber nicht." Ich bin ihm dankbar für diesen Rat und sein unerschütterliches Vorbild. Zwar hat er manchmal gestöhnt, das gute Vorbild bringe ihn noch um, aber er hat sich an die Weisung des heiligen Benedikt gehalten: „Der Abt mache alles Gute und Heilige mehr durch sein Leben als durch sein Reden sichtbar" (Regula Benedicti 2,12). Benedikt sagt das nicht nur dem Abt, sondern einem jeden von uns. Wir brauchen diese Vorbilder, weil sie plastisch darstellen, wie unser Weg richtig verlaufen kann.

In meiner Studentenzeit in Rom trat ein anderer Mann in mein Gesichtsfeld: Dom Eugène Cardine aus der Abtei Solesmes. Er hatte damals gerade eine neue Interpretation des gregorianischen Chorals gewagt. Eine Interpretation, die nicht an der Gleichförmigkeit quadratischer Noten ausgerichtet war, sondern an den Neumen der mittelalterlichen Handschriften, die er als Handbewegungen des Dirigenten deutete und damit den Choral zu einer Interpretation und

Verstärkung des gesungenen Textes machte. Der Choral wird nicht abstrakt gesungen, sondern kommt aus dem Herzen des betenden Menschen. Sich über die Musik mit vollem Herzen Gott zuzuwenden, das war ein neuer Weg. Später, als ich Professor in Rom war und vier Jahre unsere Choral-Schola leitete, hat mir Dom Cardine noch private Stunden gegeben. Ich wurde begeistert ob dieser Texte und Melodien, und es gelang, diese Begeisterung auch auf die Sänger zu übertragen. Es war eine neue Art zu beten, und das nicht nur allein, sondern in Gemeinschaft mit anderen. Dadurch bin ich selbst immer tiefer in diese Art des Betens eingestiegen und habe als Inhalt meines Lebens und als Motto für meine Amtszeit als Abt gewählt: „Jubilate Deo – lobpreiset Gott".

Nun, das Leben geht weiter, und es kommen neue Herausforderungen. Ich war inzwischen Erzabt von St. Ottilien. Bald stand ein neuer Klosterbau auf dem Jakobsberg bei Bingen an, dann kamen zen-buddhistische Mönche auf uns zu, um für eine kurze Zeit unser Leben zu teilen. Für uns war es eine wichtige Erfahrung, auch Menschen anderer Religionen als tiefreligiöse Menschen zu erleben. Im interreligiösen Dialog tat sich das Tor zu einer größeren Welt auf. Es erfolgten Gegenbesuche, Freundschaften wurden geschlossen. Viel später – ich war schon Abtprimas in Rom – kam es zum benediktinischen Dialog mit Schiiten aus dem Iran. Sie besuchten uns in Sant'Anselmo, zweimal war ich bei ihnen im Iran. Auch da habe ich eine tiefe Religiosität erfahren. Beim Besuch des bescheidenen Hauses von Ayatollah Chomeini konnte ich verstehen, warum er zu einem Volkshelden werden konnte. Die jetzigen politischen Verhältnisse haben den Dialog zwischen Benediktinern und Schiiten ins Stocken gebracht. Aber wir geben die Hoffnung nicht auf. Wir brauchen eine gemeinsame Zukunft, und die gelingt nur über den Dialog. Denn auch da sind Freundschaften gewachsen, sodass wir den Dialog als „Interreligiöse Freundschaft" bezeichnet haben. Nicht religionsvergleichende Diskussionen bringen uns weiter, wir brauchen erst eine menschliche Basis gegenseitiger Annahme. Ein Wort des Nuntius in Teheran ist uns in den Ohren geblieben. Wir sollten uns merken, habe Papst Franziskus uns ausrichten lassen: „Gott ist nicht katholisch." Gott kann nicht von einer Religion für sich vereinnahmt werden, wenngleich unser christlicher Glaube von Jesus Christus geprägt und bestimmt ist. Wenn ich die zahlreichen Gläubigen in den Moscheen sitzen sah, wie sie mit dem Kopf den Boden zur Anbetung berührten, kam mir das Wort Jesu über den römischen Hauptmann in den Sinn: *„Einen solchen Glauben habe ich in Israel noch bei niemandem gefunden"* (Matthäus 8,10; Lukas 7,9).

Loslassen

In Japan machte ich eine besondere Erfahrung. Wir saßen in der Zen-Halle bei der Zen-Meditation und wurden angehalten, alle Gedanken loszulassen, alle Emotionen und Sorgen. Wir sollten uns nur auf den Atem konzentrieren. Der Zen-Meister wachte darüber, dass wir dabei aufrecht saßen und nicht einschliefen. Leer-Werden war das Ziel. Auf einmal war mir, als würde ich nun ganz von Christus erfüllt, nun hatte er wirklich Raum in meinem Leben. Die Welt sah auf einmal anders aus, ich konnte sie mit seinen Augen anschauen. Es war so etwas wie eine Erleuchtung.

Diese Erfahrung wurde für mich wichtig, als ich 1985 zum ersten Mal nach China aufbrach, um zu sehen, was von der Arbeit meiner Mitbrüder vor der kommunistischen Zeit übrig geblieben war. Ich war überzeugt, Gott würde die Türen öffnen, und er tat es. Als ich mit meinem Begleiter unsere ehemalige Abtei in Yanji gefunden hatte und nur die Stadt für Fremde offenstand, das Umland noch nicht, wir aber eine alte Pfarrei außerhalb aufsuchen wollten, redete ich wie Don Camillo: „Gott, wir sind hier nicht zum Urlaub da, sondern deinetwegen. Es liegt an dir, uns den Zugang zu öffnen." Fünf Minuten später kam unser Führer und meinte, wir hätten in der Stadt alles gesehen, er wolle uns nun zu einem Bauernmuseum in einer anderen Stadt bringen. Es war genau der Ort, den wir besuchen wollten, und wir verblieben eine Stunde auch bei den Christen der Pfarrei, die von einer Ordensschwester während der ganzen Jahre zusammengehalten worden war. Es war ein bewegendes Erlebnis, und wir sollten noch weitere derartige Erfahrungen machen.

Als ich bei einem späteren Besuch wegen des Baus eines Krankenhauses verhandelte, bemühte ich mich immer zuzuhören, wo bei meinen Gesprächspartnern die Probleme lagen, und versuchte dann, ihnen Lösungsmöglichkeiten aufzuzeigen. Ich hatte zwar das Ziel vor Augen, wollte mich aber nie aufdrängen. Es entstand schließlich ein modernes 500-Betten-Krankenhaus für 2,5 Millionen Einwohner. Wir schlossen einen Joint-Venture-Vertrag mit den kommunistischen Behörden. Anfangs arbeiteten dort auch die Missionsbenediktinerinnen von Tutzing. Inzwischen haben wir das Krankenhaus ganz den chinesischen Behörden übergeben. Es ist auf 1500 Betten aufgestockt worden und wir hätten gar nicht mehr die finanziellen und personellen Mittel gehabt, es weiterzuführen. Auch da galt es loszulassen, wie vorher schon bei den Verhandlungen. Loslassen von den eigenen Vorstellungen, loslassen vom Besitzdenken. Es sollte eine Hilfe zur Selbsthilfe sein.

Nach dem Bau des Krankenhauses in China ging ich, ebenfalls im Gedenken an unsere Ottilianer-Geschichte, nach Nordkorea. Mir war bewusst, dass es weitaus schwieriger werden würde als in China. Als ich mit einem hochdekorierten Beamten diskutierte und nichts mehr weiterging, schoss mir plötzlich durch den Kopf: Auch dieser Mann ist von Gott geschaffen und obendrein geliebt, ebenso wie ich. Dass er hier geboren und aufgewachsen war, dafür konnte er nichts. Vielleicht würde ich genauso denken wie er. Die Atmosphäre löste sich, 2005 konnten wir das Krankenhaus mit den goldenen Lettern „International Catholic Hospital" einweihen und es den nordkoreanischen Behörden übergeben. Den anderen als Geschöpf Gottes entdecken, das hat den Durchbruch geschafft.

Die nächste Herausforderung

Inzwischen war ich bereits zum Abtprimas, dem obersten Repräsentanten der Benediktiner und Benediktinerinnen gewählt worden. Ich hatte zwar gehofft, die Wahl abwenden zu können, aber angesichts einer schwierigen Situation von Sant'Anselmo blieb mir nichts anders übrig. Ich hatte die Äbte meiner Kongregation konsultiert, und sie meinten, das sei nun der Dienst unserer Kongregation an der Konföderation, ich solle annehmen. Also wieder eine neue Herausforderung. Bei der Wahl nach acht Jahren wurde ich wieder gewählt, ebenso nach weiteren vier Jahren. Vor der nächsten Wahl 2016 meinte Papst Franziskus, ich könne doch weitermachen. Ich lehnte ab. 16 Jahre genügen, der Klosterbau von Sant'Anselmo ist weitgehend renoviert, die Hochschule modernisiert – mit der doppelten Anzahl an Studenten als vier Jahre zuvor. Es war Zeit zu gehen. „Sonst klebt mir am Schluss der Stuhl noch am Hintern. Da muss man rechtzeitig vorbauen", sagte ich dem Papst. Wir reden viel von Loslassen und können es dann häufig doch nicht.

Vielleicht hat mir dabei die Position des Abtprimas geholfen. Denn er hat keine Befugnisse über andere Klöster oder Äbte, und doch soll er alles zusammenhalten und die Kooperation unter den Klöstern fördern. Ferner ist der Abtprimas Großkanzler der Hochschule. Es ist die Macht der Machtlosigkeit. Sie nimmt den anderen die Angst und weckt Freude bei ihnen. Natürliche Autorität animiert. In den anderen wiederum finde ich mich selbst. Ich hatte meinen Dienst getan und kehrte in meine Abtei zurück. Ich war hier noch zu Hause und fühlte mich wieder wohl in meiner alten Heimat.

Harren auf den weiteren Weg

Heimat bedeutet für mich die Gemeinschaft meiner Brüder, der ich 23 Jahre lang als Erzabt gedient hatte. Ich hatte auch während meiner Zeit als Abtprimas die Verbindung zu meiner Abtei immer aufrechterhalten. Wichtig sind mir die Psalmen beim Chorgebet geworden, intensiver als früher. Das Beten und Singen der Psalmen mit meinen Brüdern verankert mich immer wieder in Gott, der mir immer näher kommt. In der betenden Lesung und ganz besonders bei der Feier der täglichen Eucharistie habe ich einen vertieften Zugang zu Jesus Christus gefunden. Das Kreuz gehört zu meinem Leben – meine früheren Krankheiten, meine menschlichen Schwächen, auch meine Zweifel gerade jetzt im Alter, da der Glaube angesichts des Todes besonders auf die Probe gestellt wird, nicht zuletzt auch meine charakterlichen Schwächen, die ich durch mein ganzes Leben schleppe. Mein Trost sind der schwache Petrus, die im Garten Gethsemane davongelaufenen Jünger und der Christenverfolger Paulus. Sie alle haben ihre Stunde der Gnade bekommen. Ich kehre immer wieder zu Jesus zurück, denn ich habe ihn in meinem Leben erfahren wie die Jünger. Es ist letztlich das Vertrauen auf ihn, das mir Hoffnung schenkt für mein Lebensende. Vertrauen bedeutet ja, seine Sicherheit nicht aus sich selbst zu holen, sondern aus anderen, im Lebensalltag, aber eben auch im Glauben. Der heilige Benedikt listet in seiner Regel eine Menge an Werkzeugen der geistlichen Kunst auf und schließt mit der Anweisung: „An Gottes Barmherzigkeit niemals verzweifeln." Diese Hoffnung erfahre ich jetzt schon, indem ich versuche, barmherzig zu sein, wie es der barmherzige Vater im Himmel ist (vgl. Lukas 6,36). Wie es nach meinem Tod aussehen wird, bewegt mich nicht. Ich vertraue auf den liebenden Vater Jesu Christi.

Wer und was mich stärkt? Nicht in einem Selbstfindungsseminar habe ich entdeckt, wer ich bin, sondern im Ja zu den Herausforderungen, die immer neu auf mich zukamen, und es wird weitergehen. Es sind meine Lebenserfahrungen, es sind die anderen, ohne die ich nicht leben kann, und es ist vor allem Jesus Christus, der mein Leben führt, mich herausfordert und den Weg mit mir geht.

Mut, Licht und
Pippi Langstrumpf

Christine Schniedermann

Mut und Inspiration

Neulich beim Friseur: Eine Kundin erzählte, sie habe so Phasen, da könne sie einfach nicht mehr. All die Nachrichten über Krisen und Konflikte; die Bilder in den Medien machten sie fertig. „Und dann gab es noch die Zeit, wo ich nachts kaum schlafen konnte", erzählte sie, auf dem Stuhl neben mir sitzend, ihrem Friseur. Als Selbstständige habe sie Existenzängste gehabt. Und wenn ihr dann alles zu viel würde, müsse sie abschalten. Die schlechten Nachrichten im Wortsinn und die bedrückenden Gedanken im übertragenen Sinn.

Sie sei auf eine Podcast-Reihe gestoßen, in der es vor allem um bemerkenswerte Menschen gehe. „Ich erfuhr, wie sich eine junge Frau nach einem schweren Unfall zurück ins Leben gekämpft hat", sagte die Kundin. Obwohl es Ärzte für unmöglich hielten, konnte die junge Frau irgendwann wieder gehen.

Hört sich ein bisschen wie eine Bibelgeschichte an, dachte ich bei mir. Blinde sehen, Lahme gehen. Oder wie eine Sensationsschlagzeile. Und beides stimmt: Es ist wahr und es ist eine gute Geschichte, eine wahre, gute Geschichte.

Ich hörte der Kundin neben mir deshalb so interessiert zu, weil es mir manchmal ähnlich geht. Ich denke, wir alle kennen diese Phasen, in denen alles zu viel wird: zu viele Sorgen, zu viele schlechte Nachrichten, zu viel Unsicherheit, zu viel Angst, zu viel Trauer. Wir fühlen uns erdrückt, matt und wie gelähmt. Und dann stellen sich die Fragen: Wie kommen wir da wieder raus? Was tut uns gut? Was gibt uns Kraft? Wer gibt uns Halt?

Besagte Kundin zog Kraft aus der gut ausgegangenen Geschichte jener jungen Frau. So eine Geschichte tröstet, weil sie zeigen kann, dass nicht alles vorbei ist, auch wenn es zunächst danach aussieht. Und so eine Geschichte macht Mut. Mut, um etwas zu kämpfen. Mut, nach vorn zu schauen.

Nicht gegen eine Krankheit oder eine Verletzung kämpfte ein kleines Mädchen bei einem Sportfest, sondern gegen ihre eigenen Befürchtungen, nicht über eine Stange in eine Sandgrube hüpfen zu können. Für dieses Mädchen war diese Stange unfassbar hoch. Sie hatte Angst, dagegenzulaufen und sich wehzutun. Doch da rief ein älteres Mädchen ihr zu: „Du schaffst das!" Beflügelt durch dieses Anfeuern, dieses Ermutigen rannte das kleine Mädchen los. Und sie schaffte es tatsächlich, sie überwand die Hürde.

Ich erinnere mich an eine von mir geleitete Erstkommuniongruppenstunde, in der die Kinder ihre Lieblingsgeschichte aus der Bibel nennen konnten. Am häufigsten wurde die Geschichte von David und Goliat genannt. Das verwundert kaum, denn Kinder lieben Heldengeschichten. Auch dass der kleine Harry Potter gegen den großen Lord Voldemort antritt, geht in diese Richtung. Und natürlich denke ich auch an Pippi Langstrumpf. Ein Mädchen, das sich immer wieder gegen Erwachsene durchsetzt und so stark ist, dass es ein Pferd in die Luft stemmt.

Pippi hinterfragt Konventionen und scheint keinerlei Ängste zu haben – das fasziniert und inspiriert.

Warum lesen Eltern ihren Kindern aus Büchern vor, die sie selbst gern als Kind gelesen haben? Eine wohlige Erinnerung an die eigene Kindheit könnte ein Grund sein. Ein weiterer Grund ist vielleicht, dass es in Kindergeschichten manchmal deutlicher um Schwarz und Weiß geht als später im komplexeren Erwachsenen-Grau.

Kindergeschichten haben ein glückliches Ende. Sie zeigen einem Kind, was alles möglich ist, und diese Geschichten entlassen Kinder ermutigt und neugierig in die Welt.

Nicht nur Kinder, auch wir Erwachsene brauchen Geschichten, die trösten und Mut machen. Dabei spielt es keine Rolle, ob sie als wahre Begebenheit von Menschen wie der jungen Frau in einem Podcast erzählt werden oder fiktiv sind.

Sehen und Helfen

Auf andere Weise positiv können Geschichten wirken, in denen es vielleicht nicht um Mut und Stärke, sondern ums Hinsehen und Helfen geht.

Als wir mit unseren Kindern, als sie noch jünger waren, das Fest des heiligen Martin gefeiert haben, wurde den Kindern die Legende erzählt, wie Martin seinen warmen Mantel in kalter Nacht mit jemandem teilt, der ihn dringend braucht.

Wie oft fühlen sich Menschen nicht gesehen, mit ihren Bedürfnissen nicht wahrgenommen?

Die Martinslegende zeigt zwei Aspekte: Jemandem, der es nötig hat, wird unvermittelt geholfen, was allen Hoffnung gibt, die auf Hilfe warten. Und: Mit Martin erfahren wir, dass das eigene Tun ebenso Zufriedenheit und Freude bringen kann.

Wir haben eine gute Bekannte, die mittlerweile schon Mitte siebzig ist. Sie geht regelmäßig in ein Seniorenheim und liest einer erblindeten Neunzigjährigen, die wenig Besuch bekommt, Romane vor. Natürlich könnte sich die betagte Dame Hörbücher anhören. Dann würde sie zwar die Geschichte hören, aber sie wäre wieder allein.

Nein, unsere Bekannte macht es wie die „Katze mit Hut" aus der Augsburger Puppenkiste und besucht die Neunzigjährige, um ihr vorzulesen und mit ihr zu plaudern. Beide Frauen profitieren von ihren Treffen: Die alte Dame hört Geschichten und bekommt Besuch; unsere Bekannte kann mit einer Bücherliebhaberin sprechen, wie sie selbst eine ist.

An einer Schule, die eins unserer Kinder besucht, gibt es ein Kind, das aufgrund einer Erkrankung zeitweilig auf Hilfe angewiesen war. Einmal bedankte sich die Mutter unter Tränen bei allen Kindern, Lehrkräften und Eltern für die gemeinsame Unterstützung. Als angesprochener Elternteil fand ich es wiederum rührend, wie sehr sich die Mutter bedankte. Denn meiner Meinung nach hatte ich (und die anderen auch) nur etwas gemacht, was absolut selbstverständlich für mich war. Wir Eltern hatten uns alle in die Situation hineinversetzen können und sicher ähnliche Hilfe für unsere Kinder gewünscht. Insofern war der Dank der Mutter wirklich nicht nötig gewesen. Aber es tut gut und stärkt, wenn man erfährt, dass eine ganz kleine Handlung jemandem sehr geholfen hat.

Nachrichten und Natur

Die Kundin im Friseursalon hatte bemerkt, manchmal müsse sie angesichts der vielen schlechten Nachrichten abschalten. Das kann ich gut nachvollziehen. Die ständige Verfügbarkeit von schlechten bis schlimmen Nachrichten über alle möglichen Kanäle kann extrem belastend sein.

Als wir einmal sehr idyllisch in der Natur urlaubten, holte unser Kind morgens eine Kiste hervor. „Alle Smartphones bis heute Abend da rein", sagte es. Wir folgten. Klar, „Digital Detox" ist den meisten ein Begriff. Entgiftung vom digitalen Leben. Und die meisten wissen auch, dass eine Pause von Handy oder Tablet guttut. Auch wir. Dennoch können wir uns nur selten dazu durchringen, es wirklich anzugehen.

Die Algorithmen sind stark, wir sind schwach. Die Furcht, etwas zu verpassen, ist omnipräsent. Schnell die Nachricht beantworten. Schnell die sozialen Kanäle checken. Schnell die News durchscrollen. Und schon sind wir wieder eine Stunde gefangen. Eine Stunde, die uns mehr nimmt, als sie gibt.

Smartphones verbinden Menschen (auch im Urlaubsland), helfen bei der Recherche nach Cafés, informieren über Stadt, Land und Leute. Doch der Tag, den wir damals fast ohne Smartphone verlebten, brachte uns auf anderen Ebenen eine Menge: Zeit zum Lesen; Zeit für Gemeinschaftsspiele; Zeit zum Reden; Zeit für Sport; Zeit, den Gedanken Raum zu lassen.

Wir lesen und spielen auch daheim, nicht nur im Urlaub. Aber so ein in digitalfreier Tag ließ uns unseren Urlaubstag ganz anders erleben und kann eine große Erholung sein und viel Kraft geben.

Dass Pausen, Erholungsphasen bis hin zu bewusstem Verzicht und Fasten guttun, wissen wir alle. Theoretisch. Aus Ratgebern, Workshops, Achtsamkeitsblogs oder der Bibel (Gott ruhte am siebten Tag; Jesus ging 40 Tage in die Wüste). Es wird Zeit, dass wir die Theorie öfter in die Praxis umsetzen. Ein Medientrainer erzählte neulich, einmal im Monat ziehe er für ein ganzes Wochenende den Stecker für die gesamte Familie: keine Smartphones, kein Streaming, keine Spielekonsole.

Das halte ich für eine echte Herausforderung. Aber vielleicht versuche ich das auch mal.

Dem digitalen Leben zumindest zeitweilig den Rücken zu kehren, lässt viel mehr Raum für das Wahrnehmen der Umwelt, der Natur. Ich liebe Spaziergänge und ich erinnere mich an zwei ganz besondere Spaziergänge.

In den Herbstferien spazierte ich mit unseren Kindern durch einen Wald in den Bergen. Wir gelangten an eine Brücke, unter der ein wilder Fluss rauschte. Wir standen auf dieser Brücke und beobachteten: Das Wasser umspülte gurgelnd große und kleine Steine, Luftbläschen stiegen auf, vom Baum gefallene Blätter wurden mitgerissen und bewiesen so die Schnelligkeit des Flusses. Wir betrachteten eine Weile alles: den Fluss, den Himmel, den Wald; sahen die Schönheit der Natur und ihr Zusammenspiel. Plötzlich bemerkte mein Kind: „Augen sind ja viel besser als eine Handykamera. Man wird nicht abgelenkt und entdeckt viel mehr."

Recht hat es.

In einem Frühjahr nach dem ersten harten Pandemiewinter spazierte ich durch einen Wald, vorbei an einem Weiher. Die umstehenden Bäume verschatteten weitgehend den Weiher, der somit tief und dunkel, aber auch friedlich und geheimnisvoll wirkte. Ich sah nach unten, wo sich Baumwipfel auf der glatten Wasseroberfläche spiegelten. Ich sah nach oben, wo dieselben Baumwipfel etwas strahlendes Frühlingsblau durchscheinen ließen. Wind fuhr durch die Kronen, ein Buchfink zwitscherte.

Die Natur bewusst wahrzunehmen, zeigt mir immer wieder, wie großartig unsere Welt ist. Gerade im Frühling ist sie voller Energie, voller Tatendrang und Aufbruch, die Winterstarre liegt hinter ihr. Ich mag aber auch die Herbstspaziergänge über Waldboden, der modrig riecht, wenn die Blätter abfallen. Auch wenn Äste karg und tot aussehen, so werden im Frühjahr neue Blätter wachsen – eine wunderbare Gewissheit.

Eine wunderschöne Natur gibt mir Energie, und den Kreislauf aus Vergehen und Werden zu beobachten, macht Mut. Nicht alles, was scheinbar tot ist, ist auch wirklich tot. Neubeginn ist viel öfter möglich, als wir glauben.

Licht und Liebe

Zu den Lieblingsgeschichten unserer Familie gehört die Weihnachtsgeschichte von Charles Dickens. Der Geizhals Scrooge mag weder Menschen noch Weihnachten. Er ist gemein und arbeitet ausbeuterisch. Doch in der Weihnachtsnacht erscheinen ihm die drei Geister der vergangenen, der gegenwärtigen und der zukünftigen Weihnacht. Er begreift, dass der Sinn des Lebens nicht aus Geldscheffeln besteht, sondern aus Freundschaft, Liebe und Mitgefühl.

Diese fantastische Geschichte über Veränderung und Neubeginn, über Lebenssinn und Liebe begeistert uns immer wieder aufs Neue.

Gerade in der stressigen Adventszeit nehmen wir uns Zeit für besonders schöne Momente. Wir zünden Kerzen an, knabbern Plätzchen und lesen den Kindern Geschichten vor. Wir treffen gute Freunde zu guten Gesprächen und bummeln über einen kleinen Weihnachtsmarkt. Und manchmal machen wir mit unseren Kindern einen Glitzerspaziergang. In der Dunkelheit gehen wir durch unser Viertel und bestaunen schöne, warmweiße Lichterketten und leuchtende Sterne in den Häusern.

Licht, das ins Dunkle scheint. Licht als Symbol für Hoffnung und Leben. Mit dem Licht kommt Freundlichkeit und Wärme und Zuversicht und Liebe.

Und auch deshalb ist eine meiner Lieblingsstellen in der Bibel Jesajas Friedensfürst.

„Das Volk, das im Finstern wandelt, schaut ein großes Licht; über denen, die im Land der Dunkelheit wohnen, erstrahlt ein Licht." (Jesaja 9,1)

Liebe ist die größte Kraft auf der Erde.
Sie heilt mehr, als Hass zerstören kann.
Liebe gibt. Liebe teilt. Liebe verzeiht. Liebe versteht.
Deshalb ist Liebe die mächtigste Kraft.

Entdecke, wer oder was dich stärkt

Für mich gibt es nicht *die eine Sache*, die mich stärkt, sondern unendlich viele. Zudem stellt sich die Frage, für wen oder was wir Stärke brauchen. Brauchen wir Mut, ein wichtiges Gespräch mit unserer Chefin zu führen? Brauchen wir Kraft, um unsere Kinder bestmöglich ins Leben zu begleiten? Brauchen wir Energie, um durch einen anstrengenden, manchmal sorgenvollen Alltag zu kommen? Brauchen wir Resilienz gegenüber vielen schlechten Nachrichten? Oder brauchen wir Halt und Hoffnung in der Trauer?

Jeder Mensch reagiert anders auf Stress, schwierige Situationen und Krisen. Daher muss auch jeder Mensch seinen eigenen Weg finden und seine eigenen Quellen entdecken, die ihn aufrichten und bestärken. Die einen engagieren sich gern ehrenamtlich, weil sie durch das Geben eine Menge zurückbekommen. Andere brauchen in bestimmten Situationen einfach eine Stunde Zeit für sich und Yoga.

Für mich sind geliebte Menschen, Geschichten und Natur besonders wichtig. Ich bin sehr gern mit meiner Familie zusammen; sie gibt mir Freude und Halt; wir reden, lachen, spielen und gehen spazieren. Ich schätze gute Gespräche mit Freundinnen sehr; wir können ehrlich sein und ermutigen uns. Ich gehe gern bewusst raus in die Natur. Alte Berge und tiefe Meere setzen vieles in Relation. Und nicht zuletzt mag ich Geschichten. Geschichten, die ermutigen, inspirieren, vorbildhaft oder einfach nur schön sind. Und dabei spielt es keine Rolle, ob die Geschichte in einem Buch steht oder mir jemand etwas Schönes, Anrührendes aus seinem Leben erzählt. Und nicht zuletzt gibt es diese ganz kleinen Momente, wenn ein älteres Kind ein jüngeres anfeuert, oder wenn sich eine betagte Dame über Besuch freut, die einem Energie und Freude schenken. Nehmen wir diese kleinen geschenkten Momente im Alltag wahr.

Beim Bezahlen an der Kasse erklärte die Kundin, warum sie in Phasen, in denen sie vor Sorgen nicht schlafen kann, bewusst nach Geschichten suche, die sie aufrichteten: „Man braucht Hoffnung."

So ist es. Nicht jeder kann jeden Tag den ganzen Tag hoffnungsvoll gestimmt sein. Aber suchen wir uns liebe Menschen oder wunderbare Orte oder sinnvolle Beschäftigungen, die uns guttun; die uns ein Licht zeigen, wenn wir nur Dunkel sehen.

Building Bridges

Ein Projekt als gelingendes Beispiel für Generationsdialog und digitale Teilhabe von Senior*innen

Jakob Reichert

Durch das Projekt „Building Bridges" sollen wortwörtlich Brücken zwischen Jung und Alt entstehen (*building bridges,* engl. für „Brücken bauen"). Ziel der *youngcaritas* Berlin ist es, eine offene Gesellschaft mit starkem sozialen Zusammenhalt und einen nachhaltigen Lebensstil zu fördern. Biblisch gesprochen: Wir werben für tätige Nächstenliebe, schaffen hierfür eine Plattform im Caritasverband für das Erzbistum Berlin und darüber hinaus. Die demografischen Entwicklungen der letzten Jahrzehnte dürfen dabei nicht unbeachtet bleiben. Gesellschaftlicher Zusammenhalt kann nur mit Brücken zwischen den Generationen gelingend gestaltet werden. Mit dem Projekt „Building Bridges" stellt sich die *youngcaritas* Berlin dieser Herausforderung.

Die Angebote der *youngcaritas* richten sich in erster Linie an junge Menschen. Der Wunsch nach *ehrenamtlichem Engagement* dient in erster Linie als Aufhänger, um junge Menschen zu einer Beteiligung zu ermutigen. In der Zusammenarbeit mit jungen Ehrenamtlichen ist es sinnvoll, ihnen in ihrer digitalen Lebensrealität zu begegnen, da sie maßgeblich durch diese geprägt werden. Für Jugendliche als „digital natives" ist es ganz normal, ständig in die digitale Welt abzutauchen. Ihr Alltag ist durch die Nutzung digitaler Endgeräte geprägt, was sich stark auf die Vorstellung von Zeit und Raum auswirkt sowie auf die Wahrnehmung von sich selbst, von anderen und der Welt. Digitale Kommunikationskanäle sind eine Chance für Gespräche, Begegnungen und den Austausch mit anderen Menschen und bieten überdies Zugang zu Informationen und Wissen. Doch nicht alle Menschen haben Zugang zu dieser digitalen Welt. Häufig haben besonders ältere Menschen Schwierigkeiten, sich in einer digitalisierten Welt zurechtzufinden. Die Nutzung ist nicht selten mit Ängsten und Scham verbunden. Nicht immer haben ältere Menschen ein soziales Umfeld, das sie bei dem Umgang mit digitalen Endgeräten und deren Nutzung unterstützen kann. An dieser fehlenden Verbindungsstelle setzt das Projekt an und möchte die Teilhabe an einer digitalisierten Welt fördern.

Mit vielfältigen Aktionen und Veranstaltungen, wie beispielsweise der Smartphone-Sprechstunde, konnte im Rahmen des Projekts „Building Bridges" Raum zur Begegnung und zum intergenerativen Austausch geschaffen werden. Die Smartphone-Sprechstunde ist ein niedrigschwelliges Angebot für Senior*innen ohne oder mit geringer Erfahrung in der Nutzung von digitalen Endgeräten und deren täglicher Anwendung. Im Rahmen der Sprechstunden haben Senior*innen die Möglichkeit, konkrete Fragen loszuwerden und gemeinsam mit den Ehrenamtlichen zu lernen.

Durch den Austausch zwischen jungen Ehrenamtlichen und Senior*innen konnten Vorurteile gegenüber anderen Altersgruppen abgebaut werden und Erkenntnisgewinne entstehen. Senior*innen konnten sich im Rahmen des niedrigschwelligen Angebots der Smartphone-Sprechstunde mit der Nutzung des Smartphones vertraut machen oder durch die Beratung ihre Fähigkeiten in der Nutzung verbessern. Durch kritische Fragen der Senior*innen wiederum lernten die Ehrenamtlichen unter anderem ihr Nutzer*innenverhalten zu hinterfragen. Es konnte ein gegenseitiges Verständnis für die Lebensrealität der Generationen entwickelt und ehrliches Interesse am gemeinsamen Austausch und Diskurs geweckt werden.

Dieses Projekt wurde im Rahmen einer Personalstelle gefördert vom Bonifatiuswerk.

Mit dem BONI-Bus auf Pilgerreise: Ein Bericht aus Lettland

Katholische Kirchengemeinde in Madona, Lettland (Erzdiözese Riga)

Henriks Rektiņš

Der August ist Pilgermonat in Lettland. Also machte sich unsere Pilgergruppe, bestehend aus 60 Personen, von unserer Gemeinde in Madona zu Fuß auf den Weg. Unser Ziel: Am 15.08.2023 in Aglona mit Pilgerinnen und Pilgern aus dem ganzen Land Maria Himmelfahrt zu feiern.

Unsere Gruppe pilgerte für sechs Tage, innerhalb dieser Zeit legten wir eine Strecke von 130 Kilometern zurück. Im Laufe der Wallfahrt erlebten wir so viel Gnade und Segen – wir sprachen gemeinsam das Stundengebet und feierten die Heilige Messe, sangen Lieder, schenkten uns gegenseitig ein Lächeln und nette Worte, wenn der Weg einmal anstrengend wurde, erwarben geistliche Kenntnisse während der Katechese (die von einem der Bücher Pater Anselm Grüns inspiriert war), trafen viele fröhliche und gastfreundliche Menschen und kamen Christus und der Jungfrau Maria mit jedem Schritt ein wenig näher.

All dies wäre ohne unseren geliebten BONI-Bus nicht möglich gewesen. Denn: Einige Pilger mit gesundheitlichen Problemen konnten durch die Mitfahrt im BONI-Bus überhaupt erst an der Pilgerreise teilnehmen. Die Feier von Maria Himmelfahrt in Aglona ist für viele Christinnen und Christen hier in Lettland und darüber hinaus identitäts- und glaubensstiftend. An der Pilgerreise teilnehmen zu können, ist darum besonders unseren kranken und alten Gemeindemitgliedern sehr wichtig. Auch in diesem Jahr konnten wir dank des BONI-Busses wieder mit mehreren Generationen auf Pilgerreise gehen. Der BONI-Bus begleitete uns dabei auf allen Strecken, stärkte uns und machte uns bereit für die Weiterreise, indem er Trinkwasser und Snacks für die Pilger transportierte. Zusätzlich fanden natürlich einige Geschenke im BONI-Bus Platz für diejenigen, die uns Pilgern die Tür ihrer Herzen und Räumlichkeiten öffneten und uns so Unterkunft bereitstellten.

Es war ein bedeutendes Ereignis voller göttlicher Gnade, Freude und dem Geist des Gebetes. Wir können unseren Unterstützern in der ganzen Welt nicht genug danken. Aber eines wissen wir mit Sicherheit: Die Heilige Jungfrau Maria betet für uns alle und hilft uns zu jeder Zeit in unseren Nöten.

PS: Einen besonderen Dank an das Bonifatiuswerk und alle Menschen, die dort arbeiten und sich engagieren für Projekte, welche die Gemeinden in Lettland unterstützen! Danke schön!

Henriks Rektiņš (Diakon) und Pilgerreisende aus der kath. Gemeinde in Madona
(aus dem Englischen von Laura Dreier)

Diese Gemeinde wurde im Rahmen der Verkehrshilfe gefördert vom Bonifatiuswerk.

Hilfswerk
für den Glauben –
Werk der Solidarität

Das Bonifatiuswerk
der deutschen Katholiken e.V.

Das Bonifatiuswerk unterstützt Katholiken dort, wo sie in einer extremen Minderheitensituation ihren Glauben leben, und fördert so die Seelsorge, die Glaubensbildung und karitativ-soziale Projekte in den Diasporagebieten Deutschlands und Nordeuropas sowie in den baltischen Staaten Estland und Lettland.

Wir setzen uns für diejenigen ein, die in der Diaspora großartige Arbeit leisten – für Menschen in Kindertagesstätten und Hospizdiensten, in Schulen und Jugendhilfeeinrichtungen, in den Ortspfarreien und in abgelegenen Regionen, wo ohne die BONI-Busse Gemeinschaftsleben nur schwer möglich wäre.

Seit 1849 unterstützt das Bonifatiuswerk mit den vier Hilfsarten – **Bauhilfe, Kinder- und Jugendhilfe, Verkehrshilfe** und **Glaubenshilfe** – Projekte in der Diaspora. Durch Bildungsarbeit unterstützen wir Kirchengemeinden in ökumenischer Verantwortung in ganz Deutschland, das Evangelium zu entdecken, den Glauben zu stärken und weiterzugeben. Wir unterstützen sie auch darin, mit Andersdenkenden und -gläubigen in den Dialog zu treten.

Heute sind wir als internationales Spendenhilfswerk im Auftrag der Deutschen Bischofskonferenz in Deutschland, Nordeuropa und im Baltikum aktiv. Denn: **„Keiner soll alleine glauben."**

Bauhilfe

Die Bauhilfe unterstützt die Errichtung oder Renovierung von Orten des Gebetes und der Begegnung, damit Glaube entdeckt, gefeiert und gelebt werden kann.

Verkehrshilfe

Die Verkehrshilfe ermöglicht, das Gemeindeleben aktiv und lebendig zu gestalten. Weite Wege zum Gottesdienst, zum Kommunion- oder Firmunterricht, zur katholischen Schule, in der Unterstützung von Geflüchteten oder zum Seniorentreff können mit den rapsgelben BONI-Bussen bewältigt werden.

Kinder- und Jugendhilfe

Die Kinder- und Jugendhilfe unterstützt soziale und katechetische Engagements, zum Beispiel Kinder- und Jugendfreizeiten, Kinderhospizdienste und Mutter-Kind-Initiativen, und verschafft jungen Menschen auf vielfältige Weise eine Begegnung im Glauben.

Glaubenshilfe

Die Glaubenshilfe fördert missionarische Initiativen, innovative Projekte der Glaubensweitergabe und Personalstellen. Mit Kampagnen- und Bildungsarbeit werden Kirchengemeinden unterstützt. Das international vernetzte Programm „Räume des Glaubens eröffnen" fördert und begleitet innovative christliche Projekte in Deutschland. Ebenfalls zur Glaubenshilfe gehört der staatlich anerkannte Freiwilligendienst „Praktikum in Norden" für junge Menschen mit Einsatzstellen in unseren nordeuropäischen und baltischen Förderregionen.

Autorinnen und Autoren

Georg Austen, Monsignore Georg Austen ist seit 2008 Generalsekretär und Hauptgeschäftsführer des Bonifatiuswerkes der deutschen Katholiken e.V. und Sekretär des Diaspora-Kommissariates der deutschen Bischöfe. Ihm ist es ein wichtiges Anliegen, Berührungspunkte mit Themen der Kunst, der Kultur und der Kirche zu schaffen, um so auch einen Dialog mit Andersdenkenden und -glaubenden anzuregen.

Birgit Mock und Stephanie Feder, Bonn, Birgit Mock ist Geschäftsführerin des Hildegardis-Vereins e.V., dem 1907 gegründeten und damit ältesten Verein zur Förderung von Frauenstudien in Deutschland. Gemeinsam mit der Deutschen Bischofskonferenz und 17 (Erz-)Bistümern trägt der Verein das Programm. Stephanie Feder ist die Projektleiterin dieses bundesweit agierenden und international ersten Programms zur Steigerung des Anteils von Frauen in kirchlichen Führungspositionen.

Thomas Frings, Jahrgang 1960, Studium der Theologie, Philosophie, Kunstgeschichte und klassischen Archäologie, seit 1987 Priester, 25 Jahre leitender Pfarrer in Münster. Lebt jetzt in Köln, arbeitet dort an verschiedenen Stellen in der Seelsorge mit, betätigt sich als freier Schriftsteller und Vortragender.

Esther Göbel, Jahrgang 1979; arbeitet als Pastoralreferentin im Erzbistum Berlin. Die Theologin, Supervisorin und Surflehrerin bietet mit Surf&Soul seit 2017 Exerzitienkurse an, die in den Jahren 2021 und 2023 vom Bonifatiuswerk gefördert wurden. Homepage: www.surfandsoul.de, Instagram-Kanal: @surf_and_soul

Stefan Gödde, geboren 1975 in Paderborn, ist Fernsehjournalist, Buchautor und weit gereister Reporter. Seit 2009 moderiert er das Wissensmagazin „Galileo". Seine Arbeit führte ihn in zahlreiche Länder dieser Erde, doch sein Herz schlägt vor allem für Jerusalem und Rom. Er ist Weltentdecker, Sauerländer im Herzen, Germanist, Anglist, bekennender Bücher-Junkie und großer Fan des Cicero-Zitats: „Fange nie an aufzuhören – höre nie auf anzufangen!"

Anselm Grün, Jahrgang 1945, ist Benediktinerpater in der Abtei Münsterschwarzach, Betriebswirt, Führungskräftetrainer, Autor und Referent.

Sr. Katharina Hartleib osf ist Franziskanerin in Olpe und lebt in einem Konvent zum Mitleben in der Olper Innenstadt. In Presse-, Öffentlichkeits- und Radioarbeit ist ihr die Verkündigung des zu uns Menschen heruntergekommenen Gottes wichtig, damit die Menschen die Nähe Gottes wieder spüren lernen. Sie ist Mitglied der Provinzleitung der deutschen Provinz und Noviziatsleiterin.

Sr. Ursula Hertewich OP, Jahrgang 1975, Studium der Pharmazie und Promotionsstudium in Pharmazeutischer Biologie, Dozentin für Ernährungslehre an der Universität des Saarlandes, 2006 Eintritt in die Gemeinschaft der Arenberger Dominikanerinnen. Ausbildung zur Geistlichen Begleiterin, Arbeit im Seelsorgeteam des Gästehauses Kloster Arenberg. Seit 2014 Postulats- und Noviziatsleiterin, 2015 in die Ordensleitung gewählt.

Samuel Koch, Jahrgang 1987. Nach einem Unfall 2010 vom Hals abwärts gelähmt, unterstützt der Film- und Theaterschauspieler, Redner und Autor inzwischen diverse Organisationen wie die Deutsche Stiftung Querschnittlähmung (DSQ), die internationale Rückenmarksforschung „wings for life" u.v.a. Er gründete den Verein *Samuel Koch und Freunde e.V.,* der Menschen beisteht, die anderen Menschen in Notlagen zur Seite stehen und sich dabei selbst verausgaben.

Sr. Margareta Kühn SMMP hat als Projektleiterin und Geschützführerin die Manege gGmbH im Don-Bosco-Zentrum maßgeblich mit aufgebaut und zu ihrer jetzigen Gestalt als Einrichtung der Jugendsozialarbeit, Jugendberufshilfe und Jugendhilfe weiterentwickelt. Nach ihrer Verabschiedung als Einrichtungsleiterin 2023 widmet sie sich ihrer neuen beruflichen Aufgabe als Klinikseelsorgerin.

Regina Laudage-Kleeberg, Jahrgang 1986, ist Religionswissenschaftlerin und Autorin. Sie lebt mit ihrem Mann und drei Kindern in Münster und arbeitet heute als Change Managerin im IT- und Finanzsektor.

Sr. GilChrist Lavigne OCSO, Tautra (Norwegen), geboren in Montréal, Kanada und aufgewachsen in den USA, legte sei 1987 in Mississippi ihr Ordensgelübde ab. Sie wurde ausgewählt, sich der Gruppe von Schwestern anzuschließen, die 1999 ein Kloster in der Diözese Trondheim gründeten. Seither lebt und wirkt sie im Marienkloster Tautra und engagiert sich im interreligiösen Dialog.

Pater Philipp Meyer OSB, Jahrgang 1981, war von früher Kindheit an Mitglied der Braunschweiger Domsingschule. Studium der Kirchenmusik in Heidelberg und Köln. 2006 Eintritt in die Benediktinerabtei Maria Laach. Theologiestudium, 2011 Feierliche Profess und 2015 Priesterweihe. Zuständig für die Jugend- und Berufungspastoral der Abtei Maria Laach, Chordirektor der Cappella Lacensis und Autor, u. a. tägliches „Abendgebet" auf katholisch.de.

Mathias Micheel, Paderborn, ist Referent im Bischofshaus des Erzbistums Paderborn. Der Diplom-Theologe ist zudem Sekretär des Diözesan-Bonifatiuswerkes Paderborn und Mitherausgeber des Buches „Was für ein Gewimmel. Die Tiere der Bibel für Kinder".

Jakob Reichert war Inhaber der vom Bonifatiuswerk geförderten Personalstelle im Projekt „building bridges – (digitales) Engagement im Generationendialog" der youngcaritas Berlin. Heute ist Reichert beim Caritasverband für das Erzbistum Berlin e.V. im Fachbereich „Caritas im pastoralen Raum" tätig.

Pilgergruppe aus Madona, Lettland. Die katholische Kirchengemeinde in Madona, einer Kleinstadt im lettischen Landschaftsgebiet Livland, gehört zu Erzdiözese Riga. Unter der Leitung von **Diakon Henriks Rektiņš** machte sich auch 2023 wieder eine generationenübergreifende Pilgergruppe auf den jährlichen Pilgerweg zur Basilika Mariä Himmelfahrt in Aglona.

Martin Schleske, Jahrgang 1965, Physikingenieur, Geigenbaumeister von internationalem Ruf und Autor geistlicher Bücher. Etwa dreißig Geigen, Bratschen und Violoncelli, die mitunter von Konzertmeistern und Solisten weltweit gespielt werden, verlassen jährlich sein Werkstatthaus in der historischen Altstadt Landsbergs (am Lech). Dort lebt er mit seiner Familie. Privat gilt seine große Leidenschaft den Pferden.

Christine Schniedermann, Jahrgang 1977, absolvierte die katholische Journalistenschule ifp, arbeitete für verschiedene Zeitungen und war als Büroleiterin im Bundestag und als Pressesprecherin der Humboldt-Universität zu Berlin tätig. Als freie Journalistin und Autorin lebt sie nun mit ihrer Familie in München und schreibt neben Büchern auch für verschiedene Zeitungen sowie kurze Radio-Beiträge für die Sendung „Nachgedacht" auf Antenne Bayern.

Andrea Schwarz, Jahrgang 1955, Studium der Sozialpädagogik, lange Jahre pastorale Mitarbeiterin im Bistum Osnabrück, Autorin geistlicher Bücher, Referentin, lebt heute im Emsland. Sie liebt es, mitten im Alltäglichen immer wieder neue, aufregende Entdeckungen zu machen – und andere dazu anzustiften.

Notker Wolf OSB, Jahrgang 1940, studierte Philosophie in Rom, Theologie und Naturwissenschaften in München. 1961 Eintritt in die Benediktinerabtei St. Ottilien am Ammersee, 1968 Priesterweihe und 1977 Wahl zum Erzabt. Von 2000 bis 2016 war er in Rom Abtprimas der Benediktiner, des ältesten Ordens der Christenheit mit über 800 Klöstern und Abteien weltweit. 2016 kehrte er ins Kloster nach St. Ottilien zurück. Als Autor hat er mehrere Bestseller geschrieben.

Das Leben fragt –
Christen antworten

64 Seiten | € 8,90
ISBN 978-3-89710-868-4

60 Seiten | € 8,90
ISBN 978-3-89710-899-8

36 Seiten | € 6,00
ISBN 978-3-89710-831-8

Ein Buch über das Abschiednehmen und den Umgang mit trauernden Kindern

166 Seiten I 18,00 €
ISBN 978-3-89710-938-4

Ein Plädoyer für das Recht zu trauern

144 Seiten I € 16,00 (D)
ISBN 978-3-89710-935-3